AF285999

VIA MEA

GRAMMATIK – BEGLEITHEFT 3

Herausgegeben von
Susanne Pinkernell-Kreidt,
Jens Kühne,
Peter Kuhlmann

unter Mitwirkung von
Dieter Belde,
Andreas Efing,
Gisa Lamke,
Susanne Mussmann,
Tina Petereit,
Andrea Sagromski,
Peggy Wittich

beratende Mitarbeit
Dieter Cherubim

Redaktion: Andrea Forster, Werner Schmidt
Illustration: Roland Beier
Cover-Fotos: L. Discobolus, Vatican Museums and Galleries, Vatican City, Italy/
Alinari/The Bridgeman Art Library; R. Stefan Wagner, Berlin
Umschlaggestaltung: Michael Anker
Layoutkonzept und technische Umsetzung: Checkplot Anker&Röhr, Berlin

www.cornelsen.de

1. Auflage, 1. Druck 2013

Alle Drucke dieser Auflage sind inhaltlich unverändert
und können im Unterricht nebeneinander verwendet werden.

Druck: Stürtz GmbH, Würzburg

ISBN 978-3-06-120175-3

 Inhalt gedruckt auf säurefreiem Papier aus nachhaltiger Forstwirtschaft.

Inhalt

Salve!

In diesem Grammatik-Begleitheft findest du den Grammatik-Lernstoff der Lektionen 26 bis 34.
Jeder Lektion ist eine Mindmap vorangestellt, die dir vor Augen führt, was du zu den Bereichen
Wörter und ihre Formen (Formenlehre) und **Die Rolle der Wörter im Satz** (Satzlehre) lernst.
In den Mindmaps ist der Stoff nach Wortarten bzw. Satzgliedern und Satzgliedteilen angeordnet.
Die Beiträge zu den einzelnen Lektionen sind unterteilt in die Bereiche Formenlehre und Satzlehre.
Formentabellen, Merkkästen, lateinische Beispielsätze mit deutschen Übersetzungen und Illustra-
tionen helfen dir dabei, den Stoff selbst zu erschließen und dir zu merken.
In den Randspalten findest du Erklärungen zur neuen Grammatik.
Tipps zur Formenbildung und zur Rolle der Wörter im Satz sind in roter Schrift hervorgehoben,
Tipps für die Übersetzung ins Deutsche in blauer Schrift.
Zusammenfassende Übungen zu wichtigen Grammatikthemen findest du auf den Seiten 14 – 15,
26 – 27 und 34 – 35. Ab S. 41 findest du die Erklärung wichtiger Fachbegriffe und Beispiele für
Wortfiguren. In den Umschlagklappen findest du Analyse- und Übersetzungsmethoden sowie
Formentabellen.

Viel Freude und Erfolg beim Lateinlernen wünschen dir
Herausgeber, Autoren, Berater und Verlag!

Was du in Lektion 26 lernst

1. Wörter und ihre Formen

1.1 uter, uterque – neuter

nur Singular								
m.	f.	n.	m.	f.	n.	m.	f.	n.
uter	utra	utrum	uterque	utraque	utrumque	neuter	neutra	neutrum
utrīus	utrīus	utrīus	utrīusque	utrīusque	utrīusque	neutrīus	neutrīus	neutrīus
utrī	utrī	utrī	utrīque	utrīque	utrīque	neutrī	neutrī	neutrī
utrum	utram	utrum	utrumque	utramque	utrumque	neutrum	neutram	neutrum
(ab) utrō	(ab) utrā	utrō	(ab) utrōque	(ab) utrāque	utrōque	(ā) neutrō	(ā) neutrā	neutrō

uter „wer/welcher (von beiden)", *neuter* „keiner (von beiden)" und *uterque* „jeder (von zweien), beide" bilden wie die Pronomen den **Genitiv Singular auf -*īus*** und den **Dativ Singular auf -*ī***.

Sonst werden sie wie die Adjektive der ā- und o-Deklination dekliniert.

1.2 Verben im Perfektstamm mit präsentischer Bedeutung

Multa aedificia ab Augustō renovāta nōvimus.
Wir kennen viele von Augustus erneuerte Gebäude.

Posteā multī Rōmānī Augustum saeculum pācis parāvisse meminerant.
Später erinnerten sich viele Römer daran, dass Augustus ein Zeitalter des Friedens geschaffen hatte.

Es gibt im Lateinischen einige Verben, deren Formen im Perfektstamm eine präsentische Bedeutung haben: *meminisse* „sich erinnern an, denken an", *nōvisse* „kennen, wissen", *ōdisse* „hassen".

Du übersetzt diese Formen daher anders als gewohnt:

Lateinisch	→ Deutsch
Perfekt	→ Präsens
Plusquamperfekt	→ Präteritum/ Perfekt

1.3 Gerundivum

Gerundivum
-nd-

ā-Konjugation	ē-Konjugation	ī-Konjugation	kons. Konjugation	kurz-i-Konjugation
salūtandus, -a, -um	videndus, -a, -um	audiendus, -a, -um	agendus, -a, -um	capiendus, -a, -um

īre	ferre
eundum (est)	ferendus, -a, -um

Das **Gerundivum** wird wie das Gerundium mit dem **Verbstamm** und der **Erweiterung** *-nd-* gebildet. Seine Endungen entsprechen denen eines Adjektivs auf *-us, -a, -um*.

Das **Gerundivum** wird also wie ein **Adjektiv der ā-/o-Deklination** dekliniert.

2. Die Rolle der Wörter im Satz

2.1 Verwendung von uter, uterque – neuter

Rōmulus et Remus novam urbem condidērunt.

Uter novam cīvitātem regere cupīvit?
Wer von beiden wollte die neue Stadt regieren?

Uterque regere cupīvit.
Beide wollten regieren.

Beachte, dass *uterque* „beide" als Subjekt im Lateinischen ein Prädikat im Singular erfordert, während im Deutschen das Prädikat im Plural steht.

Neuter alterī cessit.
Keiner von beiden gab dem anderen gegenüber nach.

2.2 Doppelter Akkusativ und Nominativ

Rōmānī Cicerōnem cōnsulem creāvērunt/fēcērunt.
Die Römer wählten Cicero zum Konsul.

Cicerō ā Rōmānīs cōnsul creātus/factus est.
Cicero wurde von den Römern zum Konsul gewählt.

Rōmānī Augustum crūdēlem/benīgnum putābant.
Die Römer hielten Augustus für grausam / einen Wohltäter.

Augustus sē benīgnum praestābat.
Augustus zeigte sich wohltätig (= als Wohltätiger).

Bei einigen Verben steht manchmal neben dem Akkusativobjekt ein **weiterer Akkusativ** als Prädikatsnomen. Man nennt dies den **„doppelten Akkusativ"**.

Stehen diese Verben im **Passiv**, ergibt sich statt des doppelten Akkusativs ein **doppelter Nominativ**.

Typische Verben mit einem doppelten Akkusativ/Nominativ sind:
creāre „wählen zu",
facere „machen zu",
dīcere „bezeichnen als",
putāre/dūcere/habēre „halten für",
sē praestāre „sich zeigen (als)".

2.3 Attributives Gerundivum

Cicerō multum dē rē pūblicā gerendā scrīpsit.
Cicero hat viel über die Führung des Staates (oder: die Staatsführung) geschrieben.

Augustus cōnsilium bellī gerendī cēpit.
Augustus fasste den Beschluss, einen Krieg zu führen.

Bislang hast du das Gerundium als Verbalsubstantiv kennengelernt (vgl. Lektion 25).
Ein **Gerundivum** aber steht wie ein **Adjektiv** in **KNG-Kongruenz** zu einem **Nomen**.
Im Satz übernimmt es die **Rolle eines Attributs** (im Genitiv) oder **eines Adverbiales**.

Bei der Übersetzung kannst du dich an den Regeln für die Wiedergabe des Gerundiums orientieren:

Die Übersetzung des **Gerundivums** erfolgt in der Regel durch eine **Substantivierung + Genitiv** oder durch einen **Infinitiv mit „zu"**.

Augustus bellum cīvīle ad inimīcōs vincendōs gessit.
Augustus führte einen Bürgerkrieg, um seine Feinde zu besiegen.

Der Akkusativ steht oft mit der Präposition *ad* und drückt eine **Absicht** aus.

Augustus bellum inimīcōrum vincendōrum causā gessit.
Augustus führte einen Krieg, um seine Feinde zu besiegen.

Dieselbe Bedeutung hat auch die Präposition *causā* mit einer vorangestellten Gerundivum-Konstruktion im Genitiv.

Eine **Absicht** kannst du im Deutschen meist durch einen Infinitiv mit **„um ... zu"** wiedergeben.

Bellīs gerendīs Augustus imperium Rōmānum auxit.
Durch das Führen von Kriegen vergrößerte Augustus das Römische Reich.
oder:
Indem er Kriege führte, vergrößerte Augustus das Römische Reich.

Eine Gerundivum-Konstruktion im **Ablativ ohne Präposition** übersetzt du mit einer **Substantivierung + Genitiv** oder einem **Modalsatz** („indem"; „dadurch, dass").

In urbe ōrnandā Augustus sē benīgnum praestābat.
Beim Ausschmücken der Stadt (Rom) zeigte Augustus sich
wohltätig.
oder:
Augustus zeigte sich wohltätig, als er die Stadt (Rom)
ausschmückte.

Steht eine Gerundivum-Konstruktion im **Ablativ mit der Präposition** *in*, kannst du sie mit einem **Substantiv + Genitiv und der Präposition „bei"** oder durch einen **Temporalsatz** wiedergeben.

2.4 Prädikatives Gerundivum

Multī poētae Augustō librōs legendōs dedērunt/mīsērunt.
Viele Dichter gaben/schickten Augustus ihre Bücher zu lesen.

Das Gerundivum kann auch in KNG-Kongruenz zu einem Akkusativobjekt stehen. Es ergänzt dann die Prädikatsaussage um die **Angabe des Zwecks** und übernimmt die **Rolle des Adverbiales**. Diese Verwendung erscheint nur bei einigen Verben, z. B. bei:
dare „geben",
accipere „annehmen",
mittere „schicken",
praebēre „überlassen",
cūrāre „lassen; veranlassen, dass".

Gerundivum und **Bezugswort** stehen in diesem Fall immer **im Akkusativ**.

Du übersetzt das prädikative Gerundivum mit einem **Finalsatz** oder den Präpositionen **„für"** bzw. **„zu"**.

Augustus urbem aedificiīs ōrnandam cūrāvit.
Augustus ließ die Stadt mit Bauwerken schmücken / veranlasste, dass die Stadt mit Bauwerken geschmückt wurde.

Das Gerundivum bei *cūrāre* „lassen" übersetzt du einfach mit einem **Infinitiv**.

2.5 Prädikativum

Līberī in hortō laetī lūdunt.
Die Kinder spielen fröhlich im Garten. (= Die Kinder sind fröhlich, während sie im Garten spielen.)

Augustus urbem marmoream relīquit.
Augustus hinterließ eine Stadt aus Marmor.

Mārcus prīmus vēnit.
Marcus kam als Erster.

Cicerō rem pūblicam cōnsul servāvit.
Cicero rettete als Konsul den Staat.

Im Lateinischen können Adjektive und Substantive den **Zustand ihres Bezugsworts** während der angegebenen Prädikatshandlung erläutern. Solche Adjektive und Substantive werden als **Prädikativum** verwendet. Das lateinische Prädikativum entspricht im Deutschen einem Adverbiale.

Oft übersetzt du solche prädikativen Adjektive oder Substantive im Deutschen mit **„als"**.

Was du in Lektion 27 lernst

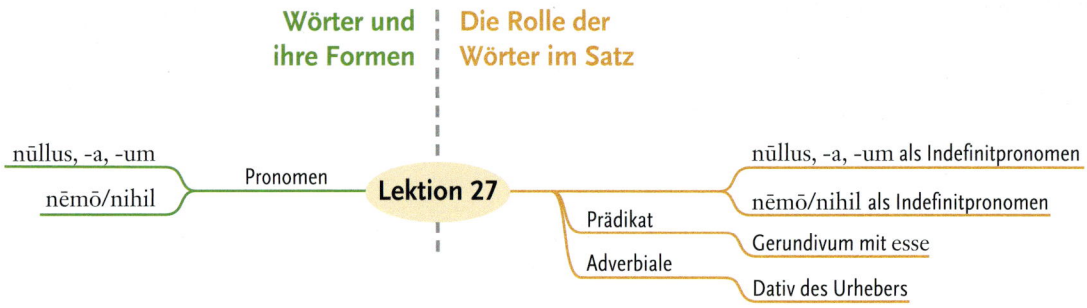

1. Wörter und ihre Formen

1.1 nūllus, -a, -um – nēmō/nihil

	Singular			Plural		
	m.	**f.**	**n.**	**m.**	**f.**	**n.**
Nominativ	nūllus kein	nūlla keine	nūllum kein	nūllī keine	nūllae keine	nūlla keine
Genitiv	nūllīus keines	nūllīus keiner	nūllīus keines	nūllōrum keiner	nūllārum keiner	nūllōrum keiner
Dativ	nūllī keinem	nūllī keiner	nūllī keinem	nūllīs keinen	nūllīs keinen	nūllīs keinen
Akkusativ	nūllum keinen	nūllam keine	nūllum kein	nūllōs keine	nūllās keine	nūlla keine
Ablativ	(ā) nūllō (von) keinem	(ā) nūllā (von) keiner	(ā) nūllō durch kein	(ā) nūllīs (von) keinen	(ā) nūllīs (von) keinen	(ā) nūllīs durch keine

	m./f.	n.
Nominativ Singular	nēmō niemand	nihil nichts
Genitiv Singular	nūllīus niemandes	(nūllīus rei)
Dativ Singular	nēminī niemand(em)	(nūllī rei)
Akkusativ Singular	nēminem niemand(en)	nihil nichts
Ablativ Singular	(ā) nūllō von niemand(em)	(nūllā re)/nihilō durch nichts

Die **Indefinitpronomen** *nēmō* „niemand" und *nihil* „nichts" werden dekliniert und substantivisch verwendet. Sie kommen nur im Singular vor.

2. Die Rolle der Wörter im Satz

2.1 Gerundivum als Prädikatsnomen

Epistula scrībenda est.
Ein Brief muss geschrieben werden /
Man muss einen Brief schreiben.

Abeundum est.
Man muss weggehen.

Māter epistulam scrībendam (esse) dīxit.
Die Mutter sagte, dass der Brief geschrieben werden muss.

Das Gerundivum übernimmt als Prädikatsnomen bei einer Form von *esse* die **Rolle des Prädikats**. Diese Verwendung drückt eine **Notwendigkeit** aus.

Bei der Übersetzung im Deutschen verwendest du deshalb „müssen" oder – bei einer Verneinung des Gerundivums – „nicht dürfen".

Das Gerundivum mit *esse* hat eine **passivische Bedeutung**. Es steht in KNG-Kongruenz zum Subjekt.

Das Gerundivum mit *esse* kann aber auch ein **unpersönlicher Ausdruck** sein. Es steht dann im Neutrum Singular.

Beachte, dass im AcI das Prädikatsnomen natürlich im Akkusativ steht.

Im AcI fällt bei dieser Konstruktion des Gerundivums *esse* meist weg.

2.2 Dativ des Urhebers (*auctoris*)

Epistula Mārcō scrībenda est.
Der Brief muss von Marcus geschrieben werden. →
Marcus muss den Brief schreiben.

Subjekt	Dat. auct.	
Epistula	mihi	scrībenda est.

Der Brief muss von mir geschrieben werden. →

Ich muss den Brief schreiben.
Subjekt   Objekt

Līberīs parentibus pārendum est.
Kinder müssen ihren Eltern gehorchen.
oder:
Eltern müssen ihren Kindern gehorchen.

Ā līberīs parentibus pārendum est.
Kinder müssen ihren Eltern gehorchen.

Beim Gerundivum als Prädikatsnomen mit *esse* steht die Person, von der etwas getan werden muss bzw. nicht getan werden darf, im Dativ. Diesen Dativ nennt man **Dativ des Urhebers (*auctoris*)**.

Die passivische Konstruktion mit einem Dativ des Urhebers kannst du oft **besser aktivisch** wiedergeben.

Nicht jeder Dativ beim Gerundivum muss allerdings auch der Dativ des Urhebers sein, er kann ebenso auch ein ganz normales Dativobjekt bilden.

Die Funktion des Dativs kannst du nur aus dem **Textzusammenhang** erkennen.

Allerdings steht im lateinischen Text dann oft auch – um Missverständnisse zu vermeiden – für die ausführende Person der **Ablativ** mit *ā/ab*.

Was du in Lektion 28 lernst

Wörter und
ihre Formen

Die Rolle der
Wörter im Satz

(Semi-)Deponentien, fierī — Verben — **Lektion 28** — Subjekt — Deponentien in Partizipialkonstruktionen

Ncl

Prädikat — Übersetzung der Deponentien und Semideponentien

Ncl

1. Wörter und ihre Formen

(Semi-)Deponentien und fierī

	ā-Konjugation	ē-Konjugation	konsonantische Konjugation	kurz-i-Konjugation
	cōnārī	**verērī**	**lābī**	**aggredī**
Imp. Sg.	cōnāre! versuch(e)!	verēre! fürchte!	lābere! fall(e)!	aggredere! greif(e) an!
Imp. Pl.	cōnāminī versucht!	verēminī! fürchtet!	lābiminī! fallt!	aggrediminī! greift an!

Part. Präs. (d. Gleichzeitigkeit)	z. B. cōnāns, -ntis
Gerundium	z. B. cōnandī usw.

Es gibt **Verben** mit **passivischer Form**, aber **aktivischer Bedeutung**, z. B. *cōnārī* „versuchen, wagen", *verērī* „scheuen, fürchten; verehren". Diese Verben nennt man **Deponentien**.

Ihr Imperativ Singular sieht aus wie ein Infinitiv Präsens Aktiv.

Die Deponentien weisen zwei weitere Formen des Aktivs auf: das Partizip Präsens und das Gerundium.

Auch diese werden **aktivisch** übersetzt.

Die Stammformenreihen einiger Semideponentien lauten:
cōnfīdere, cōnfīdō, cōnfīsus sum
gaudēre, gaudeō, gāvīsus sum
revertī, revertor, revertī (Lektion 30)
solēre, soleō, solitus sum

Es gibt einige wenige Verben, die im **Präsensstamm aktivische** und im **Perfektstamm passivische Formen** bilden (oder umgekehrt). Man nennt solche Verben **Semideponentien**, z. B. *cōnfīdere* „vertrauen; hoffen", *gaudēre* „sich freuen", *solēre* gewohnt sein".

Zu den Semideponentien gehört auch **fierī**. *fierī* dient als Passiv zu *facere*, bedeutet neben „gemacht werden" aber auch „werden" oder „geschehen".

fierī

Tempora mit Präsensstamm	Indikativ Präsens	Konjunktiv Präsens	Indikativ Imperfekt	Konjunktiv Imperfekt	Futur
1. Person Singular	fīō ich werde gemacht, entstehe	fīam	fīēbam ich wurde gemacht, entstand	fierem	fīam ich werde gemacht werden, entstehen
2. Person Singular	fīs du wirst gemacht, entstehst	fīās	fīēbās du wurdest gemacht, entstandest	fierēs	fīēs du wirst gemacht werden, entstehen
3. Person Singular	fit er, sie, es wird gemacht, entsteht	fīat	fīēbat er, sie, es wurde gemacht, entstand	fieret	fīet er, sie, es wird gemacht werden, entstehen
1. Person Plural	fīmus wir werden gemacht, entstehen	fīāmus	fīēbāmus wir wurden gemacht, entstanden	fierēmus	fīēmus wir werden gemacht werden, entstehen
2. Person Plural	fītis ihr werdet gemacht, entsteht	fīātis	fīēbātis ihr wurdet gemacht, entstandet	fierētis	fīētis ihr werdet gemacht werden, entstehen
3. Person Plural	fīunt sie werden gemacht, entstehen	fīant	fīēbant sie wurden gemacht, entstanden	fierent	fīent sie werden gemacht werden, entstehen

Tempora mit Perfektstamm	Indikativ Perfekt	Konjunktiv Perfekt	Indikativ Plusquamperfekt	Konjunktiv Plusquamperfekt
1. Person Singular	factus, -a, -um sum ich bin gemacht worden/entstanden	factus, -a, -um sim	factus, -a, -um eram ich war gemacht worden/entstanden	factus, -a, -um essem
usw.	usw.	usw.	usw.	usw.
1. Person Plural	factī, -ae, -a sumus wir sind gemacht worden/entstanden	factī, -ae, -a sīmus	factī, -ae, -a erāmus wir waren gemacht worden/entstanden	factī, -ae, -a essēmus
usw.	usw.	usw.	usw.	usw.

Infinitiv Präs. (d. Gleichzeitigkeit)	fierī
Infinitiv Perf. (d. Vorzeitigkeit)	factum, -am, -um esse

Part. Präs. (d. Gleichzeitigkeit)	–
Part. Perf. (d. Vorzeitigkeit)	factus, -a, -um

Gerundivum	faciendus, -a, -um

2. Die Rolle der Wörter im Satz

2.1 Übersetzung der Deponentien und Semideponentien

Mīlitēs pontem trānsgrediuntur et hostēs aggrediuntur.
Die Soldaten gehen über die Brücke und greifen die Feinde an.

Mīlitēs victōriā gaudēbant/gāvīsī sunt.
Die Soldaten freuten sich über den Sieg / haben sich über den Sieg gefreut.

Cōnstantīnus dīvīnō auxiliō cōnfīdit/cōnfīsus est.
Konstantin vertraut auf göttliche Hilfe / hat auf göttliche Hilfe vertraut.

Deponentien sind **Verben** mit **passivischen Formen**, aber **aktivischer Bedeutung**.

Semideponentien bilden im **Präsensstamm aktivische** und im **Perfektstamm passivische Formen** (oder umgekehrt).

Du übersetzt die **passivischen Formen** aber mit dem **Aktiv**.

Pōns fit.
Eine Brücke wird gebaut.

Cōnstantīnus sē deō adiuvante imperātōrem factum esse crēdēbat.
Konstantin glaubte, dass er durch die Hilfe Gottes zum Herrscher gemacht worden sei.

2.2 Deponentien in Partizipialkonstruktionen

Mīlitēs pontem trānsgressī hostēs aggrediuntur.
Die Soldaten überschreiten die Brücke und greifen dann die Feinde an.

Mīlitēs ex urbe proficīscentēs proelium commīsērunt.
Die Soldaten begannen die Schlacht, als sie aus der Stadt marschierten.

Cōnstantīnus dīvīnō auxiliō cōnfīsus proelium commīsit.
Im Vertrauen auf göttliche Hilfe begann Konstantin die Schlacht.
oder:
Konstantin begann, weil er auf die göttliche Hilfe vertraute, die Schlacht.

Das **PPP** ist wie gewohnt als **Partizip der Vorzeitigkeit** verwendet, hat aber **aktivische Bedeutung**.

Das **Partizip der Gleichzeitigkeit** wird – wie du es kennst – mit dem **PPA** gebildet.

Bei einigen Verben wird das PPP von Deponentien im Deutschen eher als gleichzeitig verstanden, z. B. *cōnfīsus* „im Vertrauen auf", *veritus* „aus Angst vor".

2.3 Nominativus cum Infinitivo (NcI)

Illud ōrāculum nēminī nōtum fuisse vidētur.
Jenes Orakel scheint niemandem bekannt gewesen zu sein. /
Es scheint, dass niemandem jenes Orakel bekannt war.

Cōnstantīnum hoc fēcisse ferunt.
Cōnstantīnus hoc fēcisse fertur/dīcitur.
Man sagt, dass Konstantin dies getan habe. /
Konstantin soll dies getan haben.

Nach einigen **Verben** im **Passiv** steht häufig ein **Nominativ mit einem Infinitiv (NcI-Konstruktion):**
vidērī „scheinen";
trāditur/fertur (Singular);
trāduntur/feruntur (Plural) „es wird überliefert/gesagt, dass er, sie, es/sie; er, sie, es soll/sie sollen";
dīcitur „man sagt, dass er, sie, es/er, sie, es soll";
nārrātur „man erzählt, dass er, sie, es".

Die Regeln der Zeitverhältnisse im NcI entsprechen denen des AcI, d. h. der **Infinitiv Präsens** drückt die **Gleichzeitigkeit**, der **Infinitiv Perfekt** die **Vorzeitigkeit** aus.

2.4 NcI – Übersetzungsmöglichkeiten

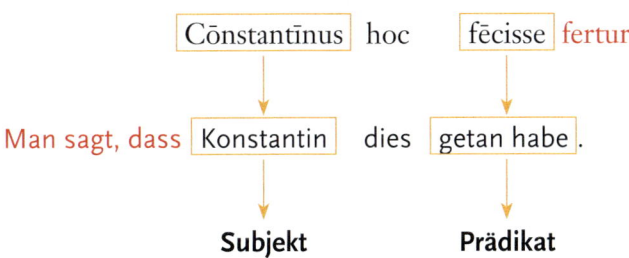

Konstantin soll dies getan haben.

Konstantin hat, wie man sagt/so sagt man, dies getan.

Der NcI wird, wie der AcI, in der Regel mit einem **„dass"-Satz** übersetzt. Aus dem Nominativ des NcI wird das Subjekt und aus dem Infinitiv das Prädikat des „dass"-Satzes.

Es gibt jedoch **weitere Übersetzungsmöglichkeiten:**
1. Ein Verbum des Sagens kann im Deutschen mit **„sollen"** wiedergegeben werden.

2. Das übergeordnete Prädikat kann **eingeschoben** werden.

Zusammenfassende Übungen Lektion 26 – 28

Herkules

1. Immer in Aktion

Schreibe die Präposition, das Gerundivum und sein Bezugswort heraus, bestimme sie nach KNG und übersetze:

a   Hercules ad gloriam accipiendam multos labores suscepit.
b   Stabulorum Augiae regis purgandorum[1] causa aquam fluminis per ea duxit.
c   In Geryoneo necando Iunonem deam vulneravit.

1 purgare
reinigen, saubermachen

2. Herkules, du musst ... !

Schreibe das Gerundivum, sein Bezugswort und die Form von *esse* heraus. Benenne dann den Dativ des Urhebers und übersetze:

Herkules muss auf Befehl des Eurystheus folgende Arbeiten ausführen:
a   „Primum leo[2] tibi necandus erit!
b   Tum tibi in Cretam eundum erit, ubi taurus tibi capiendus erit!
c   Postremo Cerberus tibi afferendus erit!"

2 leo, leonis m.
Löwe

Nero

1. Wer ist gemeint?

Schreibe die doppelten Akkusative heraus und übersetze:

a   Ille vir se artificem[3] putavit.
b   Mater Agrippina illum Caesarem fecit.
c   Multi Romani illum crudelem putabant.

3 artifex, artificis m.
Künstler

2. Man sagt, dass ...

Ergänze die fehlende Übersetzung:

Der Schriftsteller Sueton berichtet von Nero:
a Nero labores Herculis imitatus esse fertur.
   Es wird berichtet, dass ▬▬▬▬
b Nero Romam incendisse dicitur.
   Man sagt, dass ▬▬▬
c Et Agrippinam matrem et Octaviam uxorem necavisse
   videtur.
   Er scheint ▬▬▬

3. Nero und Co

Entscheide, welche Übersetzung jeweils die richtige ist:

a Seneca et philosophus et magister Neronis nobilis fuit.
   (Seneca, der berühmte Philosoph und Lehrer Neros, war. /
   Seneca war sowohl als Philosoph als auch als Lehrer Neros
   berühmt.)
b Nero domum auream aedificandam curavit.
   (Nero ließ ein Goldenes Haus bauen. /
   Nero sorgte für das gebaute Goldene Haus.)
c Profecto omnes Neronem imperatorem crudelem
   noverunt.
   (In der Tat kannten alle den grausamen Kaiser Nero. /
   In der Tat kennen alle Nero als grausamen Kaiser.)

Was du in Lektion 29 lernst

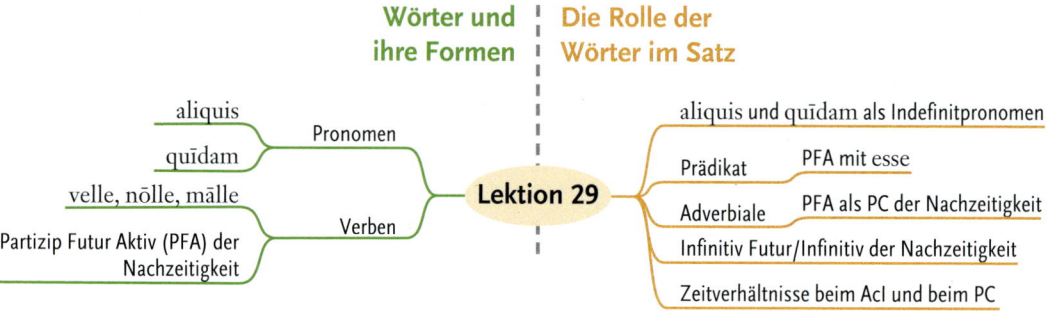

Wörter und ihre Formen

aliquis
quīdam
} Pronomen

velle, nōlle, mālle
Partizip Futur Aktiv (PFA) der Nachzeitigkeit
} Verben

Lektion 29

Die Rolle der Wörter im Satz

aliquis und quīdam als Indefinitpronomen

Prädikat — PFA mit esse

Adverbiale — PFA als PC der Nachzeitigkeit

Infinitiv Futur/Infinitiv der Nachzeitigkeit

Zeitverhältnisse beim AcI und beim PC

---

1. Wörter und ihre Formen

1.1 velle, nōlle, mālle

Pānsa: „Mē vīllam aedificāre vīs.
Pansa sagt: „Du willst, dass ich ein Landhaus baue.

Egō aquaeductum quam vīllam aedificāre mālō."
Ich will lieber eine Wasserleitung als ein Landhaus bauen."

nōlle und *mālle* sind von *velle* abgeleitet (aus *nē* + *velle* und *magis* + *velle*). Deshalb haben alle drei **Verben** ähnliche Konjugationsformen.

Bis auf die Präsensformen werden alle Formen ganz regelmäßig gebildet (z. B. *volēbam, nōluī, mālueram* usw.).

Allerdings gibt es nur von *nōlle* einen Imperativ: Er lautet im Singular *nōlī*, im Plural *nōlīte*.

	Indikativ Präsens			Konjunktiv Präsens		
1. Person Singular	volō ich will	nōlō ich will nicht	mālō ich will lieber	velim	nōlim	mālim
2. Person Singular	vīs du willst	nōn vīs du willst nicht	māvīs du willst lieber	velīs	nōlīs	mālīs
3. Person Singular	vult er, sie, es will	nōn vult er, sie, es will nicht	māvult er, sie, es will lieber	velit	nōlit	mālit
1. Person Plural	volumus wir wollen	nōlumus wir wollen nicht	mālumus wir wollen lieber	velimus	nōlimus	mālimus
2. Person Plural	vultis ihr wollt	nōn vultis ihr wollt nicht	māvultis ihr wollt lieber	velitis	nōlitis	mālitis
3. Person Plural	volunt sie wollen	nōlunt sie wollen nicht	mālunt sie wollen lieber	velint	nōlint	mālint

	Indikativ Imperfekt			Konjunktiv Imperfekt		
1. Person Singular	volēbam ich wollte	nōlēbam ich wollte nicht	mālēbam ich wollte lieber	vellem	nōllem	māllem
2. Person Singular	volēbās du wolltest	nōlēbās du wolltest nicht	mālēbās du wolltest lieber	vellēs	nōllēs	māllēs
usw.	usw.	usw.	usw.	usw.	usw.	usw.

	Futur		
1. Person Singular	volam ich werde wollen	nōlam ich werde nicht wollen	mālam ich werde lieber wollen
2. Person Singular	volēs du wirst wollen	nōlēs du wirst nicht wollen	mālēs du wirst lieber wollen
usw.	usw.	usw.	usw.

	Imperativ	
Singular	nōlī!	wolle nicht!
Plural	nōlīte!	woll(e)t nicht!

	Indikativ Perfekt			Konjunktiv Perfekt		
1. Person Singular	voluī ich habe gewollt/ wollte	nōluī ich habe nicht gewollt/wollte nicht	māluī ich habe lieber gewollt/wollte lieber	voluerim	nōluerim	māluerim
2. Person Singular	voluistī du hast gewollt/ wolltest	nōluistī du hast nicht gewollt /wolltest nicht	māluistī du hast lieber gewollt/wolltest lieber	volueris	nōlueris	mālueris
usw.	usw.	usw.	usw.	usw.	usw.	usw.

	Indikativ Plusquamperfekt			Konjunktiv Plusquamperfekt		
1. Person Singular	volueram ich hatte gewollt	nōlueram ich hatte nicht gewollt	mālueram ich hatte lieber gewollt	voluissem	nōluissem	māluissem
2. Person Singular	voluerās du hattest gewollt	nōluerās du hattest nicht gewollt	māluerās du hattest lieber gewollt	voluissēs	nōluissēs	māluissēs
usw.	usw.	usw.	usw.	usw.	usw.	usw.

Infinitiv Präsens (d. Gleichzeitigkeit)			Infinitiv Perfekt (d. Vorzeitigkeit)		
velle	nōlle	mālle	voluisse	nōluisse	māluisse

Part. Präsens (d. Gleichzeitigkeit)		
volēns, -ntis	nōlēns, -ntis	mālēns, -ntis

Die Stammformenreihen lauten:

velle, volō, voluī   nōlle, nōlō, nōluī   mālle, mālō, māluī

1.2 Partizip (Futur Aktiv, PFA) der Nachzeitigkeit

posi-tus → posi-tūrus
posi-ta → posi-tūra
posi-tum → posi-tūrum

i-tum → i-tūrus, -a, -um
lā-tus, -a, -um → lā-tūrus, -a, -um
– → fu-tūrus, -a, -um

positūrum, -am, -um esse

itūrum, -am, -um esse
lātūrum, -am, -um esse
futūrum, -am, -um esse (auch: fore)

> **PFA**
> **-tūrus, -tūra, -tūrum**
> oder
> **-sūrus, -sūra, -sūrum**

Das **Partizip Futur Aktiv** besteht aus dem Stamm des PPP mit den **Endungen** *-tūrus, -tūra, -tūrum* oder *-sūrus, -sūra, -sūrum*.

Mit *esse* verbunden bildet das PFA den **Infinitiv Futur/Infinitiv der Nachzeitigkeit Aktiv**.

1.3 aliquis – quīdam

aliquis, aliquid (substantivisch) – „(irgend)jemand, (irgend)etwas"; aliquī, aliqua, aliquod (adjektivisch) – „irgendein, irgendeine, irgendein"; Pl.: „irgendwelche"

quīdam, quaedam, quiddam (substantivisch) – „ein(e) gewisse(r/s); ein(e) bestimmte(r/s)"; Pl.: „einige, manche"
quīdam, quaedam, quoddam (adjektivisch) – „irgendein(e), ein(e)"; Pl.: „einige, manche"

Die beiden Indefinitpronomen *aliquis* und *quīdam* können substantivisch und adjektivisch verwendet sein. Sie werden entsprechend unterschiedlich dekliniert.

Singular		m.	f.	n.	m.	f.	n.
Nom.	Subst.	aliquis	aliquis	aliquid	quīdam	quaedam	quiddam
	Adj.	aliquī	aliqua	aliquod	quīdam	quaedam	quoddam
Gen.	Subst.	alicuius	alicuius	(alicuius reī)	cuiusdam	cuiusdam	cuiusdam
	Adj.	alicuius	alicuius	alicuius	cuiusdam	cuiusdam	cuiusdam
Dat.	Subst.	alicuī	alicuī	(alicuī reī)	cuīdam	cuīdam	cuīdam
	Adj.	alicuī	alicuī	alicuī	cuīdam	cuīdam	cuīdam
Akk.	Subst.	aliquem	aliquem	aliquid	quendam	quandam	quiddam
	Adj.	aliquem	aliquam	aliquod	quendam	quandam	quoddam
Abl.	Subst.	(ab) aliquō	(ab) aliquā	(aliquā rē)	(ā) quōdam	(ā) quādam	quōdam
	Adj.	aliquō	aliquā	aliquō	quōdam	quādam	quōdam

Plural	m.	f.	n.	m.	f.	n.
Nom.	aliquī	aliquae	aliqua	quīdam	quaedam	quaedam
Gen.	aliquōrum	aliquārum	aliquōrum	quōrundam	quārundam	quōrundam
Dat.	aliquibus	aliquibus	aliquibus	quibusdam	quibusdam	quibusdam
Akk.	aliquōs	aliquās	aliqua	quōsdam	quāsdam	quaedam
Abl.	(ab) aliquibus	(ab) aliquibus	aliquibus	(ā) quibusdam	(ā) quibusdam	quibusdam

2. Die Rolle der Wörter im Satz

2.1 Verwendung des Partizips Futur Aktiv/Partizips der Nachzeitigkeit

Iam litterās scrīptūrus eram, cum subitō vir ad mē vēnit.
Ich war im Begriff, einen Brief zu schreiben / wollte gerade einen Brief schreiben, als plötzlich ein Mann zu mir kam.

Vir omnia perturbātūrus accessit.
Ein Mann kam näher, um alles durcheinanderzubringen.

In Verbindung mit einer konjugierten Form von *esse* steht das PFA für eine **unmittelbar bevorstehende** oder **beabsichtigte Handlung**.

Das PFA wird auch als **Participium coniunctum** verwendet und übernimmt dann die **Rolle eines Adverbiales**. Es drückt eine **nachzeitige Handlung** aus („ein Mann, der alles durcheinanderbringen wird"). Oft drückt das PFA auch eine **Absicht** aus.

Dann kannst du es mit **„um ... zu"** wiedergeben.

„Mē opus dīligentiā cōnfectūrum esse polliceor."
Ich verspreche, dass ich den Bau mit Sorgfalt ausführen werde.

Auch in einem **AcI** dient der Infinitiv Futur Aktiv zum Ausdruck der **Nachzeitigkeit**.

2.2 Zeitverhältnisse beim AcI und beim Participium coniunctum

Infinitiv	vorzeitig	gleichzeitig	nachzeitig
Aktiv	scrīpsisse	scrībere	scrīptūrum, -am, -um esse
Passiv	scrīptum, -am, -um esse	scrībī	–

Partizip			
Aktiv	–	scrībēns, -ntis	scrīptūrus, -a, -um
Passiv	scrīptus, -a, -um	–	–

Tē epistulam scrībere/scrīpsisse/scrīptūrum esse sciō.
Ich weiß, dass du einen Brief schreibst / geschrieben hast / schreiben willst.

Epistulam scrībī sciō.
Ich weiß, dass ein Brief geschrieben wird.

Epistulam scrīptam esse sciō.
Ich weiß, dass ein Brief geschrieben wurde.

Platō scrībēns mortuus est.
Platon ist schreibend /, während/als er schrieb, gestorben.

Litterae ā Cicerōne scrīptae amīcōs dēlectābant.
Die von Cicero geschriebenen Briefe erfreuten seine Freunde.

Cicerō librōs scrīptūrus in Tūsculānum profectus est.
Cicero begab sich auf sein Landgut bei Tuskulum, um Bücher zu schreiben.

2.3 Verwendung von aliquis und quīdam

Aliquis tē mihi architectum mīsisse nūntiat.
Jemand meldet, dass du mir einen Architekten geschickt hast.

Aliqua pars arcuum testāceō opere agenda est.
(Irgend-)ein Teil der Bögen muss aus Ziegelstein gebaut werden.

Pānsa veritus est, nē quis accēderet omnia perturbātūrus.
Pansa fürchtete, dass jemand käme, um alles durcheinanderzubringen.

Sī quid vīs, mihi scrībe!
Wenn du etwas willst, schreib mir!

Quīdam architectus ad Pānsam vēnit.
Ein Architekt kam zu Pansa.

Manent adhūc arcūs priōris aquaeductūs; possunt et ērigī quīdam lapide quadrātō.
Es stehen noch Bögen des alten Aquäduktes; einige können auch aus Quadersteinen errichtet werden.

aliquis ist mit „(irgend)jemand" oder „irgendeiner" zu übersetzen.

Werden die adjektivischen Formen von **aliquis** und **quīdam** im Satz attributiv verwendet, so stehen sie zu ihren Bezugswörtern in KNG-Kongruenz.

Steht *aliquis* „... nach *nē, nisī, sī* und *num*, fällt das *ali-* um".
Dieser Merkspruch hilft dir zu behalten, dass nach den genannten Wörtern meist nur *quis, quid* usw. stehen.

quīdam heißt „ein gewisser; ein bestimmter; einer".

quīdam bezeichnet eine Person oder Sache, die man nicht genauer benennen will oder kann.

Im **Plural** wird das Pronomen oft mit „einige, manche" übersetzt.

Was du in Lektion 30 lernst

---

1. Wörter und ihre Formen

Futur II

Aktiv

	salūtāre
1. Person Singular	salūtāverō ich werde gegrüßt haben
2. Person Singular	salūtāveris du wist gegrüßt haben
3. Person Singular	salūtāverit er, sie, es wird gegrüßt haben
1. Person Plural	salūtāverimus wir werden gegrüßt haben
2. Person Plural	salūtāveritis ihr werdet gegrüßt haben
3. Person Plural	salūtāverint sie werden gegrüßt haben

Futur II Aktiv		
Perfektstamm + Tempuskenn-zeichen + Personalendung		
	Singular	Plural
	-ō	-mus
-er(i)-	-s	-tis
	-t	-nt

	esse	posse	īre	ferre	velle
1. Person Singular	fuerō ich werde gewesen sein	potuerō ich werde gekonnt haben	ierō ich werde gegangen sein	tulerō ich werde getragen haben	voluerō[1] ich werde gewollt haben
2. Person Singular	fueris du wirst gewesen sein	potueris du wirst gekonnt haben	ieris du wirst gegangen sein	tuleris du wirst getragen haben	volueris du wirst gewollt haben
3. Person Singular	fuerit er, sie, es wird gewesen sein	potuerit er, sie, es wird gekonnt haben	ierit er, sie, es wird gegangen sein	tulerit er, sie, es wird getragen haben	voluerit er, sie, es wird gewollt haben
1. Person Plural	fuerimus wir werden gewesen sein	potuerimus wir werden gekonnt haben	ierimus wir werden gegangen sein	tulerimus wir werden getragen haben	voluerimus wir werden gewollt haben
2. Person Plural	fueritis ihr werdet gewesen sein	potueritis ihr werdet gekonnt haben	ieritis ihr werdet gegangen sein	tuleritis ihr werdet getragen haben	volueritis ihr werdet gewollt haben
3. Person Plural	fuerint sie werden gewesen sein	potuerint sie werden gekonnt haben	ierint sie werden gegangen sein	tulerint sie werden getragen haben	voluerint sie werden gewollt haben

[1] *nōlle* und *mālle* bilden die Formen des Futur II in gleicher Weise: *nōluerō, ...*; *māluerō, ...*

Passiv

	salūtārī	ferrī
1. Person Singular	salūtātus, -a, -um erō ich werde gegrüßt worden sein	lātus, -a, -um erō ich werde getragen worden sein
2. Person Singular	salūtātus, -a, -um eris du wirst gegrüßt worden sein	lātus, -a, -um eris du wirst getragen worden sein
3. Person Singular	salūtātus, -a, -um erit er, sie, es wird gegrüßt worden sein	lātus, -a, -um erit er, sie, es wird getragen worden sein
1. Person Plural	salūtātī, -ae, -a erimus wir werden gegrüßt worden sein	lātī, -ae, -a erimus wir werden getragen worden sein
2. Person Plural	salūtātī, -ae, -a eritis ihr werdet gegrüßt worden sein	lātī, -ae, -a eritis ihr werdet getragen worden sein
3. Person Plural	salūtātī, -ae, -a erunt sie werden gegrüßt worden sein	lātī, -ae, -a erunt sie werden getragen worden sein

Futur II Passiv	
PPP + Futurform von *esse*	
Singular	Plural
erō	erimus
eris	eritis
erit	erunt

2. Die Rolle der Wörter im Satz

2.1 Verwendung des Futur II

Sī hīc nēminem invēnerō, perībō.
Wenn ich hier niemanden finde, werde ich zugrunde gehen.

Cum hunc iuvenem servāverō, domum redībō.
Wenn/Sobald ich diesen jungen Mann gerettet habe, werde ich nach Hause gehen.

Das Futur II steht in der Regel in **Nebensätzen** neben einem **Hauptsatz im Futur I**. Es drückt dann die **Vorzeitigkeit in der Zukunft** aus.

In solchen Satzgefügen übersetzt du das Futur II mit **Präsens** oder **Perfekt**.

2.2 Dramatisches Präsens (*Praesens historicum*)

Apollōnius in lītus pulsus vocat: „Miserēre meī!"
Nachdem Apollonius gestrandet war, rief er: „Erbarme dich meiner / Hab Mitleid mit mir!"

Ähnlich wie im Deutschen steht im Lateinischen das Präsens auch für die Vergangenheit. Es drückt dann eine **lebendige Erzählung** oder **Spannung** aus.

2.3 Genitiv als Objekt bei Verben

„Nōnne meministī paupertātis meae?"
„Erinnerst du dich nicht an meine Armut?"

„Num hōrum verbōrum meōrum oblītus es?"
„Hast du etwa diese meine Worte vergessen?"

„Miserere meī!"
„Erbarme dich meiner / Hab Mitleid mit mir!"

Bei einigen Verben wie z. B. *meminisse* „sich erinnern", *oblīvīscī* „vergessen", *miserērī* „sich erbarmen, Mitleid haben" hat der Genitiv die **Rolle des Objekts**.

Besteht das Genitivobjekt aus einem **Personalpronomen**, stehen im Singular die Formen *meī, tuī, suī*, im Plural die Formen *nostrī, vestrī, suī*.

„Tuī nōn oblīvīscar."
„Ich werde dich nicht vergessen."

Was du in Lektion 31 lernst

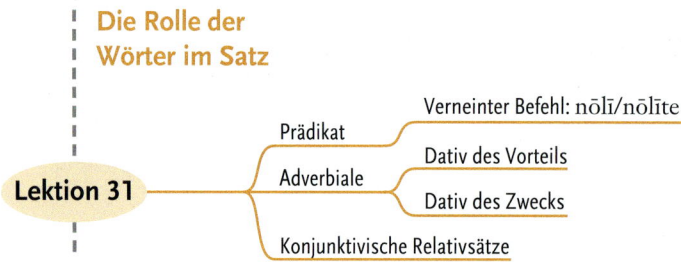

Die Rolle der
Wörter im Satz

Lektion 31 — Prädikat — Verneinter Befehl: nōlī/nōlīte

Adverbiale — Dativ des Vorteils

Dativ des Zwecks

Konjunktivische Relativsätze

Die Rolle der Wörter im Satz

1. Verneinter Befehl/Verbot: nōlī/nōlīte

Nōlī/Nōlīte dormīre!
Schlaf/Schlaft nicht!

Außer durch den Prohibitiv (*nē +
Konjunktiv Perfekt*) kann der **verneinte Befehl** auch durch *nōlī(te)* + **Infinitiv** ausgedrückt werden.

2. Dativ des Vorteils (*commodi*)

Hoc mihi facile/difficile est.
Das ist für mich leicht/schwer.

Nōn vītae, sed scholae discimus.
Nicht für das Leben, sondern für die Schule lernen wir.

Ein Dativ kann auch mit **„für"** wiedergegeben werden.

Er bezeichnet dann eine Person, zu deren **Vorteil** oder in deren **Interesse** etwas geschieht. Diesen Dativ bezeichnet man als **Dativ des Vorteils (*commodi*)**.

3. Dativ des Zwecks (*finalis*)

Mārcus patrī amīcōs auxiliō mīsit.
Marcus schickte dem Vater die Freunde zu Hilfe.

Der Dativ kann auch den **Zweck** einer Handlung bezeichnen. Er heißt dann **Dativ des Zwecks (*finalis*)** und kommt oft bei folgenden Verben vor: *mittere, dare, venīre*.

Carmina Mārtiālī glōriae erant.
Seine Gedichte dienten Martial zum Ruhm.
passender:
Seine Gedichte brachten Martial Ruhm ein.

Häufig steht der Dativ des Zwecks auch in Verbindung mit *esse*.

Vīta amīcōrum Caesarī cūrae/cordī erat.
Das Leben seiner Freunde diente Caesar zur Sorge.
passender:
Das Leben seiner Freunde lag Caesar am Herzen.

Bei der Wiedergabe musst du im Deutschen eine passende Bedeutung für *esse* finden. Als erste Übersetzung hilft dir die Wendung **„dienen zu"**.

Steht beim Dativ des Zwecks mit *esse* noch ein weiterer Dativ, heißt diese Konstruktion **doppelter Dativ**.

4. Konjunktivische Relativsätze

Caesar nōn erat is vir, quī mīlitibus Germānōrum terrērētur. **(konsekutiv)**
Caesar war kein solcher Mann, der/dass er durch die Soldaten der Germanen erschreckt wurde.

Sunt, quī Augustum crūdēlem putent.
Es gibt einige, die Augustus für grausam halten.

Gallī lēgātōs, quī auxilium contrā Germānōs peterent, ad Caesarem mīsērunt. **(final)**
Die Gallier schickten Gesandte, die Hilfe gegen die Germanen erbitten sollten, zu Caesar (..., um Hilfe gegen die Germanen zu erbitten).

Caesar, quī multōs amīcōs sibi comparāvisset, celeriter cōnsulātum accēpit. **(kausal)**
Caesar, der sich (ja) viele Freunde verschafft hatte, erlangte schnell das Konsulat.
oder:
Caesar erlangte, weil er sich (ja) viele Freunde verschafft hatte, schnell das Konsulat.

Caesar, quī multōs amīcōs comparāvisset, tamen ā Rōmānīs necātus est. **(konzessiv)**
Caesar, der sich viele Freunde verschafft hatte, ist dennoch von den Römern getötet worden.
oder:
Caesar ist, obwohl er sich viele Freunde verschafft hatte, dennoch von den Römern getötet worden.

Manchmal steht in Relativsätzen das Prädikat im Konjunktiv.
Dieser Konjunktiv drückt dann einen **Nebensinn** aus: **konsekutiv**, **final** (sehr häufig), **kausal** und **konzessiv** (selten).

Bei der Übersetzung kannst du versuchen, diesen Nebensinn zum Ausdruck zu bringen.

Zusammenfassende Übungen Lektion 29 – 31

Europa

1. Wir wollten ja nicht!

Übersetze die folgenden Sätze. Achte besonders auf das Prädikat:

Eines der Mädchen läuft zu Europas Vater und berichtet …

a „Nos in litore manere nolebamus.
b Sed Europa prope taurum esse maluit.
c Etiam taurum tangere voluit.“

2. Wer sind die beiden?

Entscheide dich für eine der unten stehenden Formen und übersetze:

quaedam – quaedam – quandam – quendam – quidam

Ein Küstenbewohner beobachtet verwundert die Entführung:

a „Taurum ▬▬▬▬ in mare currentem video, in cuius tergo
   puella ▬▬▬▬ sedet.
b Sed puellae ▬▬▬▬ in litore sunt et clamant, repente
   autem vir ▬▬▬▬ in mare currit.
c Taurus ingens puellam ad insulam ▬▬▬▬ portat.“

3. Er war erst in einen Stier verwandelt!

Übersetze folgende Sätze und achte dabei besonders auf den Sinn der PC-Konstruktion:

Europa berichtet einem ihrer Söhne davon, wie sie seinen Vater Jupiter kennenlernte:

a „Amicae mecum lusurae ad litus adierunt.
b Subito taurum pulcherrimum vidimus. Amicae fugerunt,
   sed ego flores porrectura[1] tauro accessi.
c Nam Iuppiter in formam tauri ingentis mutatus me
   capturus in patriam meam venit.“

1 porrigere, porrigo, porrexi,
porrectum
bringen, darreichen

Hannibal

1. Roms größter Feind ...

Schreibe die doppelten Dative in der Verbindung mit *esse* aus dem folgenden Text heraus. Übersetze zunächst mit der Wendung „dienen zu" und finde dann eine passendere Bedeutung.

Zwei Karthager loben Hannibal nach dem Sieg bei Cannae:
a Hanno: „Hannibal imperator maximus est.
  Pugna Cannensis[2] ei honori[3] est."
b Himilco: „Ita est. Tam fortiter pugnavit, quod gloria
  ei cordi erat."
c Hanno: „Itaque Hannibal Romanis odio est, sed nos
  Carthaginienses eum laudamus!"

2 Cannensis, -e
von Cannae
3 honor, honoris m.
Ehre

2. ... und unser größter Held!

Übersetze die folgenden Sätze und bestimme die Funktion der Konjunktive:

Das Gespräch über Hannibals Leistungen geht weiter; ...
a Himilco: „Laetus sum! Hannibal non is vir est, qui periculo
  mortis terreatur."
b Hanno: „Est imperator, qui milites iterum atque iterum
  hortetur. "
c Himilco: „Nunc Hannibal etiam legatos, qui auxilium peterent, in urbem Carthaginem misit, ut Romam expugnare
  posset."

3. Alle Hoffnung ruht auf Scipio

Schreibe die Infinitive heraus und benenne jeweils das Zeitverhältnis:

Der junge Scipio wird von den Römern mit folgenden Worten
als Befehlshaber nach Spanien geschickt:
a „Scipio, te istos[4] Poenos superaturum esse speramus!
b Hannibalem legiones Romanas ad lacum Trasumenum[5] et
  ad Cannas vicisse constat.
c Te fortem imperatorem esse putamus.
d Te victorem rediturum esse nobis promitte!
e Nam senatus populusque Romanus nos Carthaginem
  deleturos esse censet!"

4 iste, ista, istud
der (da)
5 lacus Trasumenus
der Trasimenische See

Was du in Lektion 32 lernst

Die Rolle der
Wörter im Satz

Lektion 32 ———— Indirekte Rede

Die Rolle der Wörter im Satz

Indirekte Rede (Oratio obliqua)

Ein Autor hat die Möglichkeit, eine Aussage als **wörtliche Rede** oder als **indirekte Rede** in Abhängigkeit von einem Verb des Sagens, Meinens usw. auszudrücken.
Durch die **indirekte Rede** schafft er eine **größere Distanz zur Aussage**.

Caesar scrīpsit: „Gallia est omnis dīvīsa in partēs trēs."
Caesar schrieb: „Gallien ist insgesamt in drei Teile geteilt."

Im Lateinischen steht ein **Aussagesatz** innerhalb der indirekten Rede im **AcI**, ein **Nebensatz** im **Konjunktiv**.

Caesar Galliam esse omnem dīvīsam in partēs trēs scrībit/scrīpsit.
Caesar schreibt/schrieb, Gallien sei insgesamt in drei Teile geteilt.

Im Deutschen muss die indirekte Rede angemessen wiedergegeben werden; dazu verwendest du den **Konjunktiv I** (z. B. „er sei, sie habe, sie mache" usw.).
Wenn man im Deutschen den **Konjunktiv I nicht von der Indikativform unterscheiden** kann, musst du den **Konjunktiv II** verwenden (z. B. „sie haben → sie hätten, sie machen → sie machten, sie werden → sie würden").

Caesar: „Suēbī Rhēnum flūmen trānsiērunt."
Caesar: „Die Sueben haben den Rhein überquert."

Caesar Suēbōs Rhēnum flūmen trānsīsse scrībit/scrīpsit.
Caesar schreibt/schrieb, dass die Sueben den Rhein überquert hätten.

Suēbōs sociōs Rōmānōrum aggressōs esse.
Quia fīnēs *vāstātī essent*, sociōs auxilium ā Caesare petīvisse.
Die Sueben hätten die Verbündeten der Römer angegriffen.
Weil ihr Gebiet *verwüstet worden sei*, hätten die Verbündeten Caesar um Hilfe gebeten.

Beachte auch in der indirekten Rede im Deutschen die **Zeitverhältnisse**: Für die **Gleichzeitigkeit** verwendest du die **Konjunktivformen des Präsens** (z. B. „er komme"), für die **Vorzeitigkeit** die **Konjunktivformen des Perfekts** (z. B. „er sei gekommen, er habe überquert"), für die **Nachzeitigkeit** die **Konjunktivformen des Futurs** (z. B. „sie werde kommen").

Beachte, dass bei einer indirekten Rede, die aus mehreren Sätzen besteht, im Lateinischen das **übergeordnete Verb** (z. B. *dīxit, scrībit*) **nicht wiederholt** werden muss, sondern **weitere AcI-Konstruktionen direkt hintereinander stehen**.

Caesar eīs statim auxiliō vēnit.

Caesar sē eīs statim auxiliō vēnisse dīcit/dīxit.

Sociī eum multīs cum militibus ad sē ventūrum (esse) spērant/spērābant.

Caesar kam ihnen sofort zu Hilfe.

Caesar sagt/sagte, er sei ihnen sofort zu Hilfe gekommen.

Die Verbündeten hoffen/hofften, er werde mit vielen Soldaten zu ihnen kommen.

In der indirekten Rede gelten für die **Pronomen** im Lateinischen die Regeln der **direkten und indirekten Reflexivität**; d. h. die Reflexivpronomen *sē, sibi* und *suus* beziehen sich meistens auf das Subjekt bzw. den Sprecher des übergeordneten Prädikats.

Im Deutschen werden diese Pronomen dann mit „er/sie", „ihm/ihr/ihn", „sein" und „ihr" übersetzt.

Was du in Lektion 33 lernst

	Wörter und ihre Formen	Die Rolle der Wörter im Satz

quisquam, quidquam/quicquam

quisque, quidque

quisque, quaeque, quodque

Pronomen — **Lektion 33**

quisquam als Indefinitpronomen

quisque als Indefinitpronomen

1. Wörter und ihre Formen

1.1 quisquam, quidquam/quicquam (substantivisch)

	Singular		
	m.	**f.**	**n.**
Nominativ	quisquam	quisquam	quidquam/quicquam
Genitiv	cuiusquam	cuiusquam	cuiusquam
Dativ	cuīquam	cuīquam	cuīquam
Akkusativ	quemquam	quemquam	quidquam/quicquam
Ablativ	(ā) quōquam	(ā) quōquam	quōquam

Das substantivische Indefinitpronomen *quisquam*, *quidquam* kommt nur im Singular vor.
Neben der Form *quidquam* gibt es auch die Form *quicquam*.

Vergleiche im Deutschen „irgendjemand".

1.2 quisque

quisque, quidque (substantivisch)

	Singular		
	m.	**f.**	**n.**
Nominativ	quisque	quisque	quidque
Genitiv	cuiusque	cuiusque	cuiusque
Dativ	cuīque	cuīque	cuīque
Akkusativ	quemque	quamque	quidque
Ablativ	(ā) quōque	(ā) quōque	quōque

quisque, quaeque, quodque (adjektivisch)

	Singular		
	m.	f.	n.
Nominativ	quisque	quaeque	quodque
Genitiv	cuiusque	cuiusque	cuiusque
Dativ	cuīque	cuīque	cuīque
Akkusativ	quemque	quamque	quodque
Ablativ	quōque	quāque	quōque

2. Die Rolle der Wörter im Satz

2.1 Verwendung des Indefinitpronomens quisquam

Quisquis cōnsuētūdinēs Germānōrum cōnsīderat, eōs nec lūxuriam nec libīdinem cuiusquam perferre posse cōgnōscit.
Wer auch immer / Jeder, der die Sitten der Germanen betrachtet, erkennt, dass diese weder jemandes Genusssucht noch jemandes Begierde ertragen können.

Das Pronomen *quisquam* bedeutet „(irgend)einer, (irgend)eine, jemand"; im Neutrum bedeutet es „(irgend)etwas".

quisquam kommt in Sätzen mit negativer oder einschränkender Bedeutung vor.

2.2 Verwendung des Indefinitpronomens quisque

Suam quisque uxōrem et suum quaeque marītum amet!
Jeder soll seine Frau und jede soll ihren Mann lieben!

Das Indefinitpronomen kann adjektivisch und substantivisch verwendet werden („jeder"/„jeweils").

Im Gegensatz zu *omnēs* „alle" bedeutet *quisque* „jeder einzelne (für sich)".

ūnusquisque
ein jeder / jeder einzelne

quīntō quōque annō
in jedem fünften Jahr / alle vier Jahre

optimus quisque
jeder Beste / gerade die Besten

suum cuīque
jedem das Seine

In folgenden Wortverbindungen kommt *quisque* häufig vor:
– nach *ūnus*;

– nach Ordnungszahlen (vgl. Lektion 34, S. 32);

– nach dem Superlativ;

– nach relativen/indirekt fragenden Wörtern;
– nach dem Reflexivpronomen.

Was du in Lektion 34 lernst

Wörter und
ihre Formen

Zahlen ——— Lektion 34

Wörter und ihre Formen

Lateinische Zahlen

arabische Zahlzeichen[1]	römische Zahlzeichen	Grundzahlen	Ordnungszahlen
1	I	ūnus, ūna, ūnum ein, eine, ein	prīmus, -a, -um der, die, das erste
2	II	duo, duae, duo	secundus, -a, -um oder alter, -a, -um
3	III	trēs, trēs, tria	tertius, -a, -um
4	IV[2]	quattuor	quārtus, -a, -um
5	V	quīnque	quīntus usw.
6	VI	sex	sextus
7	VII	septem	septimus
8	VIII	octō	octāvus
9	IX	novem	nōnus
10	X	decem	decimus
11	XI	ūndecim	ūndecimus
12	XII	duodecim	duodecimus
13	XIII	trēdecim	tertius decimus
14	XIV	quattuordecim	quārtus decimus
15	XV	quīndecim	quīntus decimus
16	XVI	sēdecim	sextus decimus
17	XVII	septendecim	septimus decimus
18	XVIII	duodēvīgintī	duodēvīcēsimus
19	XIX	ūndēvīgintī	undēvīcēsimus
20	XX	vīgintī	vīcēsimus
21	XXI	ūnus et vīgintī/ vīgintī ūnus	ūnus et vīcēsimus/ vīcēsimus prīmus
30	XXX	trīgintā	trīcēsimus

40	XL	quadrāgintā	quadrāgēsimus
50	L	quīnquāgintā	quīnquāgēsimus
60	LX	sexāgintā	sexāgēsimus
70	LXX	septuāgintā	septuāgēsimus
80	LXXX	octōgintā	octōgēsimus
90	XC	nōnāgintā	nōnāgēsimus
100	C	centum	centēsimus
1 000	M	mīlle	mīllēsimus
2 000	MM	duo mīlia	bis mīllēsimus
10 000	X̄	decem mīlia	decies mīllēsimus

1 In den arabischen Ländern wird heute eine andere Form arabischer Zahlzeichen verwendet.

2 Die Schreibung IV für *quattuor* hat sich erst im Mittelalter durchgesetzt, auf antiken
  Inschriften finden wir in der Regel die Schreibung IIII.

Zusammenfassende Übungen Lektion 32 – 34

Aeneas

1. Jeder, auch ich!

Übersetze die folgenden Sätze. Achte besonders auf die Pronomen:

Nach seiner Abfahrt denkt Aeneas über seine Lage nach:
a „Quisquis vitam cum muliere amata agere potest, vir beatus est.
b Sed quidquid mihi agendum erit, ut patriam novam inveniam, libenter agam!
c Nam suo quisque fato parere debet.“

2. Keine böse Absicht

Entscheide dich jeweils für die passende Form und übersetze:

Währenddessen empfindet die verlassene Dido schweren Liebeskummer. Ihre Schwester Anna versucht sie mit folgenden Worten zu trösten:
a „Aeneas neque te neque ▬▬▬▬ (cuiusquam/quemquam) vulnerare voluit.
b Sed fatum eius gravius est quam ▬▬▬▬ (quisquam/quoquam) nostrum intellegere potest.
c Itaque huic fato paruit neque vero ▬▬▬▬ (quicquam/cuiquam) mali fecit.“

Caesar

1. Er sagte, dass ...

Schreibe die direkte Rede in eine indirekte Rede um, indem du die unterstrichenen Prädikate in den Konjunktiv setzt. Beginne mit „Caesar berichtet, dass ...“.

Caesar beschreibt die Sitten der Germanen (Gall. 4, 2, 3 ff.):
„In Reitergefechten springen die Germanen oft vom Pferd und kämpfen zu Fuß weiter; ihre Pferde haben sie dazu abgerichtet, an ihrem Platz zu verharren. Nichts ist nach ihrer Auffassung schändlicher und ein deutlicheres Zeichen von Verweichlichung als einen Sattel zu benutzen. Die Einfuhr von Wein haben sie völlig untersagt.“

2. Caesar und Ariovist

Übersetze die folgenden Sätze. Achte besonders auf die Wiedergabe der indirekten Rede:

a Caesar ab Ariovisto postulavit[1], ut obsides[2] redderet.
b Ariovistus se prius in Galliam venisse dixit.
c Caesar Galliam Romanis esse respondit.

1 postulare
fordern
2 obses, obsidis m. und f.
Geisel

3. Streit in Gallien

Bestimme zunächst, wann es sich bei der folgenden indirekten Rede um einen Hauptsatz bzw. um einen Nebensatz handelt, indem du die Subjektsakkusative und Prädikatsinfinitive der AcIs sowie die Konnektoren, Subjekte und Prädikate der Nebensätze herausschreibst. Entscheide dann, welche Übersetzung die indirekte Rede angemessen wiedergibt.

Der Fürst der Haeduer, Diviciacus, schildert Caesar die derzeitigen Verhältnisse in Gallien folgendermaßen (Gall. 1, 31, 3 – 4):
a Locutus est Diviciacus: Galliae totius factiones esse duas.
   Diviciacus sprach: In ganz Gallien *sind/seien* zwei Parteien.
b Harum alterius principatum tenere Haeduos, alterius Arvernos.
   Von diesen *haben/hatten/hätten* die Haeduer die Vorherrschaft über die einen, die Arverner über die anderen.
c Hi cum tantopere de potentatu inter se multos annos contenderent, factum esse, uti ab Arvernis Sequanisque Germani mercede arcesserentur.
   Nachdem diese untereinander viele Jahre lang heftig um die Macht *gekämpft haben/gekämpft hätten, geschah es / sei es geschehen,* dass von den Arvernern und den Sequanern Germanen gegen Soldzahlung *herbeigeholt wurden/herbeigeholt worden seien.*

4. Er oder er?

Entscheide dich jeweils, welches Pronomen am besten in die Lücke passt, achte auf die Reflexivität. Erkläre, inwiefern sich der Sinn bei der Wahl des jeweils anderen Pronomens ändert.

a Caesar statuit ▬▬▬ (sibi/ei) Rhenum esse transeundum. (Gall. 4, 16, 1)
   Caesar beschloss, dass er den Rhein überqueren müsse.
b Ubii autem magnopere orabant, ut ▬▬▬ (sibi/iis) auxilium ferret. (Gall. 4, 16, 5)
   Die Ubier aber baten sehr darum, dass er ihnen zu Hilfe komme.
c Caesar obsides ad ▬▬▬ (se/eum) adduci iubet. (Gall. 4, 18, 3)
   Caesar ließ Geiseln zu sich bringen.

Was du in Lektion 35 – 37 lernst

1. Sprachliche Besonderheiten lateinischer Originaltexte

In dichterischen, aber auch in Prosatexten verwenden die Autoren gelegentlich besondere Verbformen.

1.1 Lautlehre

adlūdēns → allūdēns
inposuēre → imposuēre
inmundus → immundus
conligere → colligere

Lateinische Autoren verzichten manchmal bei Komposita auf die **Angleichung aufeinanderfolgender Konsonanten (Assimilation)**.

Beachte, dass in Wörterbüchern die assimilierten Formen angegeben werden.

1.2 Formenlehre

Kurzform für den Genitiv Plural der o-Deklination:

deum → deōrum

O pater deum !

Im älteren Latein wurde der Genitiv Plural auf *-um* statt auf *-ōrum* gebildet. Besonders bei dem Wort *deus* wird diese ältere **Kurzform** von den Dichtern verwendet.

Kurzform für die 3. Person Plural im Perfekt:

imposuēre → imposuērunt
laudāvēre → laudāvērunt
cēpēre → cēpērunt

Im älteren Latein lautete die **Personalendung** in der **3. Person Plural Perfekt** *-ēre* statt später *-ērunt*.

Verkürzte Formen beim Perfektstamm auf *-v-*:

laudāvērunt → laudārunt
laudāverant → laudārant

audīvisse → audīsse
audīvī → audiī

Bei **Verben** mit einem **Perfektstamm** auf *-v-* wird das *v* zwischen zwei Vokalen gelegentlich **ausgelassen**. Die beiden **Vokale** werden zu einem langen **zusammengezogen**: $a-e \rightarrow \bar{a}, \quad i-i \rightarrow \bar{i}$.

Besondere Imperativformen:

sedē → sedētō
du sollst dich setzen / setz dich!

fac → facitō
du sollst machen, handeln / mache!, handle!

Neben den bekannten Imperativformen kommen gelegentlich auch **Imperativformen auf *-tō*** für Singular und *-tōte* für Plural vor.

Du übersetzt sie im Deutschen am besten mit **„sollen" und Infinitiv**.

scītō
du sollst wissen / wisse!
scītōte
ihr sollt wissen / wisset!

mementō
du sollst dich erinnern / erinnere dich!
mementōte
ihr sollt euch erinnern / erinnert euch!

estō
du sollst sein / sei!

Bei den Verben *scīre* „wissen" und
meminisse „sich erinnern" kommen
nur diese Imperativformen vor.
Auch bei *esse* wird *estō* häufiger als
Imperativ gebraucht als *es*!

1.3 Satzlehre

Eurōpa flōrēs porrigit ad candida ora.
Europa hält Blumen an das schneeweiße Maul.

Dīvae grāminibus tenerōs inposuēre pedēs.
Die Göttinnen setzten ihre zarten Füße auf das Gras.

Nūllae in fronte mīnae (sunt).
Auf der Stirn stehen keine Drohungen.

Gelegentlich wird in dichterischen
Texten ein Plural gesetzt, wo eigent-
lich ein Singular gemeint ist. Diese
Pluralform heißt **poetischer Plural**.
Die Dichter setzen ihn oft, um Fülle
oder Größe zu betonen.

Drei Formen von *esse* (*est*, *sunt*, *esse*)
werden oft ausgelassen.
Diese Auslassung nennt man **Ellipse**.

In der Übersetzung musst du sie
ergänzen (siehe dazu auch Wortfiguren: Teil 1–3, S. 44).

Cornua manū facta (esse) contendit.
Er behauptet, die Hörner seien von Hand gemacht.

Ellipsen von *esse* treten auch häufig
bei AcI- und NcI-Konstruktionen auf.

2. Sprachliche Merkmale der verschiedenen Textsorten

2.1 Epos

Ille pater rectorque deum, cui dextra trisulcis③
ignibus armata est, qui nutu concutit② orbem,
induitur① faciem tauri. Mixtusque iuvencis
mugit① et in teneris④ formosus③ obambulat① herbis④.

Das **Versmaß des Epos** ist immer der **Hexameter**. Meistens gibt es einen **Er-Erzähler** (auktorialer Erzähler). Deshalb stehen außerhalb von direkten Reden die Prädikate in der Regel in der 3. Person. Im Epos werden **vergangene Ereignisse** berichtet, so dass die Prädikate üblicherweise in einem **Vergangenheitstempus** oder im **dramatischen Präsens**① auftreten. Aber gelegentlich trifft der Autor selbst eine für seine eigene Zeit **allgemeingültige Aussage**, die dann **im Präsens**② ausgedrückt wird und im Deutschen auch mit Präsens übersetzt werden muss.

Dichter setzen **Attribute** ein, um **typische Eigenschaften** von Personen und Gegenständen hervorzuheben. Ein solches Attribut bezeichnet man als **Epitheton**③ (griechisch „Danebengesetztes"). **Attribut** und **Bezugswort** werden häufig **voneinander getrennt (Hyperbaton**④**)**.
Epitheta und Hyperbata kommen auch in allen anderen poetischen Textgattungen vor.

2.2 Ratgeberliteratur (Lehrgedicht)

Nec te③ nobilium fugiat② certamen equorum:
    multa capax populi commoda Circus habet.
Proximus a domina nullo prohibente sedeto①;
    iunge① tuum③ lateri, qua potes usque, latus.

Ein **Lehrgedicht** steht wie ein Epos üblicherweise im **Hexameter**. Aber Ovid benutzt für seinen Ratgeber zur Liebeskunst das elegische Distichon, um sich von der üblichen Form der Lehrgedichte abzusetzen. Dabei fällt ein Distichon, erster Vers im Hexameter und zweiter im Pentameter, in der Regel mit der syntaktischen Einheit zusammen. Da in einem Lehrgedicht **Ratschläge** oder **Warnungen** ausgesprochen werden, erscheinen viele Prädikatformen im **Imperativ**① oder im **Konjunktiv des Wunsches**② (vgl. Grammatik-Begleitheft 2, Lektion 24, S. 38/39 zum Konjunktiv in Wunschsätzen). Außerdem findet man **zahlreiche Pronomen der 2. Person**③.

2.3 Ich-Erzählung

obstupui①, gelidusque comas erexerat horror,
    cum mihi② „pone metum!" nuntius ales ait: …
mens mea② convaluit, subitoque audacia venit
    nec timui① vultu quamque notare meo②.

In dieser Form der Erzählung berichtet ein **Ich-Erzähler** von **persönlichen Erlebnissen**. Daher stehen die Prädikate oft in einem **Vergangenheitstempus der 1. Person**①. Außerdem kommen **viele Pronomen der 1. Person**② vor.

3. Metrik

Im Deutschen kannst du Dichtung an einer Abfolge von betonten und unbetonten Silben sowie am Reim erkennen, zum Beispiel:

Es stand vor eines Hauses Tor
ein Esel mit gespitztem Ohr. (Wilhelm Busch)

Das Merkmal der **lateinischen Dichtung** dagegen ist die **Abfolge von langen und kurzen Silben**.

3.1 Länge (Quantität) der Silben

Zwei Arten von Silben gelten als **lang**:
1. alle Silben mit einem langen Vokal;
2. alle Silben, in denen auf einen Vokal mehrere Konsonanten folgen. Ein „*h*" gilt dabei nicht als Konsonant.

1. *māter*: Der Vokal „*a*" wird hier lang gesprochen. Im Vokabelverzeichnis und im Wörterbuch wird ein langer Vokal mit einem Längenzeichen gekennzeichnet.
2. *fenestra*: Das zweite „*e*" wird kurz gesprochen, die Silbe insgesamt gilt aber als lang, weil auf den Vokal drei Konsonanten folgen

Alle anderen Silben gelten als kurze Silben.

capere: Alle drei Vokale und damit alle drei Silben sind kurz.

3.2 Die beiden häufigsten Versmaße

3.2.1 Hexameter

a Metrisches Schema: $-\cup\cup$ $-\cup\cup$ $-\cup\cup$ $-\cup\cup$ $-\cup\cup$ $-$x

Erklärung zum Schema: $-$ steht für eine lange Silbe,
$\cup$ steht für eine kurze Silbe,
x steht für eine kurze oder lange Silbe.

Der kleinste Teil dieses Schemas (der **Versfuß**) besteht also aus **einer langen und zwei kurzen Silben** (Beispiel *lītŏră*).
Sechs (griechisch *hex*) dieser Versfüße hintereinander bilden sechs Maßeinheiten (griechisch *metron*), den **Hexameter**.

b   Die wichtigsten Regeln zu den Quantitäten im Versmaß:

1. Die letzte Silbe eines Verses nimmt immer eine Sonderstellung ein. Bei ihr wird nämlich nicht zwischen einer langen oder kurzen Silbe unterschieden.
2. Zwei kurze Silben können durch eine lange ersetzt werden. Dann lautet der Versfuß statt $-\cup\cup \rightarrow --$ (Beispiel *flōrēs*).
3. Eine Silbe mit zwei Vokalen ist in der Regel lang (Beispiel *cǣlum*).
4. In lateinischen Versen wird das Aufeinandertreffen von zwei Vokalen am Ende eines Wortes und am Anfang des folgenden Wortes vermieden (Beispiel *constitit ante oculos actus velocibus alis*). Beim Sprechen wird bei *ante oculos* das „*e*" am Ende des ersten Wortes ausgelassen: *ante oculos → antoculos*.
5. Wenn auf einen Vokal am Ende eines Wortes das Verb *est* folgt, wird das „*e*" von *est* ausgelassen (Beispiel *īgnibus armāta est*).
   So wird aus *armata est → armatast*.

c   Beispiel:

Ille pater rēctorque deum, cui dextra trisulcīs
īgnibus armāta est, quī nūtū concutit orbem,
induitur faciem taurī.

ille: Die erste Silbe ist lang, weil dem Vokal „*i*" zwei Konsonanten (doppeltes *l*) folgen.
pater: Die zweite Silbe ist hier lang, weil dem „*e*" zwei Konsonanten (doppeltes *r*) folgen; d. h. die Wortgrenzen spielen im Versbau keine Rolle. Das gilt auch für *deum* und *cui*.
rēctor: Die erste Silbe hat einen von Natur aus langen Vokal.

3.2.2 Pentameter

a   Metrisches Schema: $-\cup\cup \; -\cup\cup \; - \mid -\cup\cup \; -\cup\cup \; x$
In der Mitte des Pentameters gibt es immer eine Sprechpause, bei der zwei lange Silben aufeinandertreffen.
Ansonsten gelten dieselben Regeln wie beim Hexameter.
Bei folgendem Vers sieht das metrische Schema also so aus:

dēvius et piceīs | īlicibusque frequēns
$-\cup\cup \; - \; \cup\cup - \mid -\cup\cup - \; \cup \; \cup \; -$

b   Der Pentameter steht nie allein, sondern folgt immer einem Hexameter. Ein Hexameter und ein Pentameter bilden zusammen ein **elegisches Distichon**.

Accusativus cum Infinitivo (AcI)

Der Accusativus cum Infinitivo ist eine satzwertige Konstruktion, die aus einem Akkusativ und einem Infinitiv besteht.

Beispiele:

Fāma est deōs saepe inter sē certāre.

Es geht die Sage, dass die Götter oft untereinander kämpfen.

Vidēs multās statuās hīc esse.

Du siehst, dass hier viele Statuen stehen.

Im Deutschen wird er mit einem „dass"-Satz übersetzt. Der lateinische Subjektsakkusativ (*deōs* bzw. *multās statuās*) entspricht dem deutschen Subjekt, der lateinische Prädikatsinfinitiv (*certāre* bzw. *esse*) übernimmt die Rolle des Prädikats.

Adverbialsatz

Adverbialsätze sind adverbiale Nebensätze. Sie nehmen die Rolle des Satzgliedes „Adverbiale" ein, d.h. sie stehen für eine adverbiale Bestimmung. Einleitende Subjunktionen, die sie an den übergeordneten Satz anbinden, weisen jeweils auf die Sinnrichtung dieser Nebensätze hin.

Beiordnung

Gleichwertige Sätze werden durch beiordnende Konnektoren miteinander verbunden, z.B. durch *et*, *-que*, *atque*, *etiam*, *neque* und *quoque*.

Bezugswort

Adjektivische Attribute und Prädikatsnomen haben jeweils ein Bezugswort, mit dem sie in Kasus, Numerus und Genus übereinstimmen. Appositionen und Prädikatsnomen stimmen im Kasus, aber nicht immer im Genus und Numerus mit ihrem Bezugswort überein. Relativpronomen haben ein Bezugswort, mit dem sie im Numerus und Genus übereinstimmen, aber nicht unbedingt im Kasus; dieser ist durch die Rolle des Relativpronomens im Relativsatz festgelegt.

Consecutio temporum

Die Consecutio temporum bezeichnet die Zeitenfolge in konjunktivischen lateinischen Nebensätzen. Das Tempus dieser Sätze richtet sich nach dem Tempus des übergeordneten Satzes und gibt Auskunft über das Zeitverhältnis von über- und untergeordnetem Satz zueinander.

Einfacher Satz

Der einfache Satz ist ein unabhängiger Hauptsatz. Er besteht mindestens aus der Einheit Subjekt – Prädikat, kann aber durch zusätzliche Angaben erweitert sein.

Einordnung

Die Einordnung ist – wie auch die Bei- und Unterordnung – eine von mehreren Möglichkeiten der deutschen Wiedergabe des Participium coniunctum und des Ablativus absolutus. Sie erfolgt durch wörtliche Übersetzung – nur beim PC möglich – oder durch Verwendung einer präpositionalen Verbindung.

Genus verbi

Das Genus verbi bezeichnet die Handlungsart des Verbs. Es zeigt an, ob eine Person/Sache an einer Handlung aktiv oder passiv beteiligt ist.

Hauptsatz

Hauptsätze sind unabhängige Sätze. Je nach der Aussageabsicht der mitteilenden Person erscheint als Modus der Indikativ, Konjunktiv oder Imperativ. Ihrem Inhalt nach sind Hauptsätze Aussage-, Frage- oder Aufforderungssätze. Sie können durch Nebensätze zu einem Satzgefüge erweitert sein.

Innerliche Abhängigkeit

Will jemand die subjektive Meinung eines anderen (meist des Subjekts im übergeordneten Satz) wiedergeben, so geschieht dies im Konjunktiv. Bei konjunktivischen Nebensätzen dieser Art spricht man von innerlicher Abhängigkeit. Personal- und Possessivpronomen, die sich auf das Subjekt des übergeordneten Satzes beziehen, erscheinen im Lateinischen in solchen Sätzen als Reflexivpronomen.

Intransitive Verben

Intransitive Verben können kein Akkusativobjekt bei sich haben und bilden im Lateinischen wie im Deutschen ein unpersönliches Passiv.

Kongruenz

Kongruenz ist die Übereinstimmung eines adjektivischen Attributs und Prädikatsnomens mit seinem Bezugswort in Kasus, Numerus und Genus (KNG-Kongruenz). Für das Relativpronomen gilt nur die Genus-Numerus-Kongruenz, für die Apposition sowie für das Prädikatsnomen ist nur die Übereinstimmung im Kasus immer gegeben.

Modus

Der Modus bezeichnet die Aussageweise von Verben. Wir unterscheiden die Modi Indikativ (Wirklichkeitsform), Konjunktiv (Möglichkeitsform) und Imperativ (Befehlsform).

Nebensatz

Nebensätze haben – wie Hauptsätze – ebenfalls ein Subjekt und ein Prädikat, stehen aber nie allein. Sie sind dem Hauptsatz untergeordnet und somit von ihm abhängig, können aber auch einem anderen Nebensatz untergeordnet sein. Nebensätze ergänzen den übergeordneten Satz als Subjekt- und Objektsätze oder erweitern ihn als Attribut- und Adverbialsätze. Nebensätze werden durch Subjunktionen, Relativ- und Fragepronomen eingeleitet.

Partizipialkonstruktion

Partizipialkonstruktionen sind Verbindungen eines Partizips und eines Bezugswortes, die miteinander in KNG-Kongruenz stehen. Sie sind im Lateinischen sehr beliebt. Zu den Partizipialkonstruktionen gehören das Participium coniunctum (PC) und der Ablativus absolutus (Abl. abs.).

Präpositionale Verbindung

Die präpositionale Verbindung besteht aus einer Präposition und einem Nomen. Bei der Wiedergabe lateinischer Aussagen im Deutschen dienen präpositionale Verbindungen vor allem dazu, den Ablativ wiederzugeben.

Satzgefüge

Haupt- und Nebensatz bilden zusammen ein Satzgefüge. Bei verschiedenem Subjekt im Haupt- und Nebensatz steht im Lateinischen in der Regel der Nebensatz vor dem Hauptsatz.

Satzreihe

Durch Konnektoren (Konjunktionen oder Adverbien) verbundene oder ohne Satzverknüpfung nebeneinandergestellte Hauptsätze bilden eine Satzreihe.

Satzwertige Konstruktion

Eine satzwertige Konstruktion ist ein Satzteil, der im Deutschen einen vollständigen Satz vertritt. Sie ist in den übergeordneten Satz eingebettet und wird meist mit einem Nebensatz übersetzt. Hierzu gehören: AcI, PC, Ablativus absolutus und Wortfolgen mit -*nd*-Formen. Mit dem Infinitiv gebildete Wortfolgen stellen als satzwertige Konstruktion oft das Subjekt oder Objekt eines Satzes dar.

Signalwort

Signalwörter erwecken bereits am Anfang eines Satzes eine Erwartungshaltung in eine bestimmte Richtung. So wird z. B. das Wort *crās* zu Beginn eines Satzes beim Hörer bzw. Leser die Erwartung wecken, dass eine die Zukunft betreffende Aussage folgt. Als Signalwörter können aber auch all die Wörter gelten, die auf einen logischen Zusammenhang schließen lassen (Fragepronomen und -partikeln, Konjunktionen, Subjunktionen).

Sinnrichtung

Bei der Wiedergabe einer lateinischen Partizipialkonstruktion (PC oder Abl. abs.) im Deutschen muss die Sinnrichtung (temporal, kausal, konzessiv, modal, konditional) aus dem Textzusammenhang erschlossen werden. Bei subjunktionalen Nebensätzen weisen die einleitenden Subjunktionen auf die Sinnrichtung hin.

Subjunktionalsatz

Durch unterordnende Konjunktionen, d. h. Subjunktionen eingeleitete Sätze heißen Subjunktionalsätze. Es handelt sich um subjunktionale Nebensätze, die vor allem die Rolle eines Adverbiales einnehmen. Die einleitenden Subjunktionen weisen auf die Sinnrichtung der Nebensätze hin.

Transitive Verben

Transitive Verben können ein Akkusativobjekt bei sich haben und bilden im Lateinischen wie im Deutschen ein persönliches Passiv (z. B. *laudor* – ich werde gelobt).

Unterordnung

Die Unterordnung ist – wie die Bei- und Einordnung – eine von mehreren Möglichkeiten zur Wiedergabe eines PC oder Abl. abs.

Zeitstufe

Die Zeitstufe gibt an, ob sich ein Vorgang in der Vergangenheit, Gegenwart oder Zukunft abspielt.

Zeitverhältnis

Das Zeitverhältnis zeigt an, ob sich eine untergeordnete Handlung vorzeitig oder gleichzeitig zur Haupthandlung abspielt.

Zusammengesetzter Satz

Die Bezeichnung „zusammengesetzter Satz" ist der Oberbegriff für Satzreihe und Satzgefüge.

Redner oder Schriftsteller möchten die Aufmerksamkeit ihrer Zuhörer oder Leser auf eine bestimmte Aussage oder einen bestimmten Gedanken lenken. Dazu verwenden sie rhetorische Ausdrucksmittel, die ganz allgemein Wortfiguren genannt werden.

Im Folgenden findest du alle Wortfiguren, die du bereits in Band 1 und 2 kennengelernt hast und die in Band 3 neu dazukommen:

1. Ellipse

Beispielsatz:
In Lektion 9 hast du eine Hochzeitsformel kennengelernt:

Ubī tū Gāius, egō Gāia

[Wo du, Gaius, bist, bin ich, Gaia]

Erläuterung:
Wenn du die Formel mit der deutschen Übersetzung vergleichst, fällt dir auf, dass der lateinische Satz **ohne die Prädikate** auskommt.
Die Formel ist aber im Lateinischen auch ohne die Prädikate zu verstehen. Dadurch ist sie ganz **kurz** und **enthält** trotzdem **das Wichtigste**.

Merke:
In der lateinischen Sprache können Prädikate (aber auch andere Satzglieder) weggelassen werden, wenn der Satz besonders knapp sein soll und das Wort sich aus dem Zusammenhang leicht erschließen lässt. So etwas nennt man eine Auslassung oder **Ellipse**.
Eine Ellipse kommt besonders oft bei den Verbformen von *esse* vor.

2. Parallelismus

1. Beispielsatz:
Schau dir nochmals die Hochzeitsformel an:
Ubī tū Gāius, egō Gāia

Erläuterung:
Die **Satzglieder** der Formel sind ganz **gleich angeordnet**. Zuerst steht immer das Personalpronomen, dann folgt der Eigenname.

2. Beispielsatz:
Rōmānī urbem Rōmam statuīs pulchrīs, templīs magnificīs, balneīs maximīs ōrnāvērunt.

[Die Römer schmückten die Stadt Rom mit schönen Statuen, großartigen Tempelbauten und sehr ausgedehnten Bädern aus.]

Erläuterung:
Auch in diesem Satz sind die **Adverbialien** des Mittels und die dazugehörigen **Attribute gleich angeordnet**. Alle Adverbialien haben die **gleichen Aufgaben**, nämlich die Stadt Rom besonders schön zu machen. Diese **gleiche Aufgabe** wird durch die **parallele Anordnung** der entsprechenden **Satzglieder** betont.

Merke:
Wenn in verschiedenen Wortgruppen **einander entsprechende Wörter** in **derselben Reihenfolge** angeordnet sind, stehen sie **parallel zueinander**. Diese Wortfigur nennen wir **Parallelismus**.
(Oft haben die parallel gesetzten Wörter auch denselben Kasus.) Die parallele Wortstellung **unterstützt** den **gleichen Sinn der Aussagen**.

3. Asyndeton

Beispielsatz:
Rōmānī urbem Rōmam statuīs pulchrīs, templīs magnificīs, balneīs maximīs ōrnāvērunt.

Erläuterung:
Ein **Parallelismus** ist oft **mit** einer **anderen Wortfigur verbunden**. In diesem Satz finden wir nicht nur den Parallelismus bei den Adverbialien, sondern wir sehen auch, dass sie (anders als im Deutschen) nicht durch die Konjunktion *et* verbunden sind.

Merke:
Wenn **gleiche Satzglieder ohne Konjunktion hintereinandergesetzt** werden, nennt man dies eine unverbundene Aufzählung oder ein **Asyndeton**. Eine solche unverbundene Aufzählung **wirkt** oft besonders **eindringlich** und **energisch**.

4. Trikolon

Beispielsatz:
Rōmānī urbem Rōmam statuīs pulchrīs, templīs magnificīs, balneīs maximīs ōrnāvērunt.

Erläuterung:
In diesem Satz werden nicht nur ein Parallelismus und ein Asyndeton verwendet, um die Aufmerksamkeit auf die prächtige Ausstattung der Stadt Rom zu lenken, sondern es sind auch **genau drei** adverbiale **Angaben**.

Merke:
Wenn **drei gleichartige Satzglieder hintereinandergesetzt** werden, stehen sie oft, um dem Zuhörer oder Leser zu zeigen, dass der Sprecher oder der Schreiber **eine Menge solcher Angaben** machen kann.
Eine solche **dreigliedrige Aufzählung** nennt man **Trikolon** (nach den griechischen Wörtern für „drei" *tri* und für „Satzteil" *kólon*).
Oft werden genau wie in unserem Beispielsatz drei gleiche Satzglieder als Asyndeton, also unverbunden, aufgezählt.

5. Chiasmus

Beispielsatz:
Cōnstat Rōmānōs deōs multōs, ūnum deum Iūdaeōs colere.

[Es steht fest, dass die Römer viele Götter, die Juden nur einen einzigen Gott verehren.]

Erläuterung:
Du siehst, dass die beiden Akkusativobjekte *deōs* und *deum* jeweils ein Attribut bei sich haben. Das Attribut *multōs* ist seinem Objekt *deōs* nachgestellt, das Attribut *ūnum* seinem Objekt *deum* vorangestellt.
Die Objekte und ihre Attribute sind also nicht parallel, sondern in **umgekehrter Reihenfolge** angeordnet. So stehen sich die Wörter gegenüber, die den Unterschied zwischen der römischen und der jüdischen Religion ausdrücken.

Wenn du die sich entsprechenden Wörter untereinander schreibst und mit Strichen verbindest, erhältst du ein Kreuz (X). Im Griechischen heißt das X **chi**. Deshalb nennt man eine solche Wortstellung **Chiasmus**.

Merke:
Wörter, die sich in einer Wortgruppe entsprechen, aber in umgekehrter Reihenfolge angeordnet sind, bilden einen **Chiasmus (Kreuzstellung)**. Die **Wörter, die sich** jeweils **gegenüberstehen**, werden dadurch besonders **hervorgehoben**.

6. Hyperbaton

Beispielsatz:
In den Provinzen des Römischen Reichs, wie etwa Germanien, mussten die Kaufleute auf ihren Reisen oft mit überraschenden Gefahrensituationen rechnen:

Nōnnumquam in viīs Germāniae maximī ante oculōs mercātōrum apparuērunt ursī.

[Manchmal erschienen auf den Wegen Germaniens vor den Augen der Kaufleute riesengroße Bären.]

Erläuterung:
Nach den Regeln der Kongruenz weißt du, dass ein adjektivisches Attribut und sein Bezugswort im selben Kasus, Numerus und Genus stehen. Meistens steht dabei das Attribut direkt vor oder nach seinem Bezugswort. Es gibt aber auch die Möglichkeit, dass **andere Satzglieder zwischen**

Bezugswort und Attribut treten und somit die zusammengehörige **Wortgruppe trennen**. In unserem Beispielsatz soll der Zuhörer oder Leser so neugierig darauf gemacht werden, endlich zu erfahren, was denn in Germanien riesengroß ist.

Merke:
Zusammengehörige Wortgruppen (oft ein Attribut und sein Bezugswort) können durch dazwischengesetzte Wörter getrennt werden. Eine solche Sperrstellung nennt man **Hyperbaton**.

Oft sind bei einem Hyperbaton die gesperrten Wörter betont. Das muss aber nicht immer so sein. Manchmal war auch die Sperrstellung die übliche Weise, eine Wortgruppe auszudrücken. Das gilt häufig für eine Wortgruppe, die aus einer Präposition, dem dazugehörigen Substantiv und einem zum Substantiv gesetzten Genitivattribut besteht.

Beispiel:
Mercātōrēs in Germanōrum fīnēs eunt.

[Kaufleute reisen in das Gebiet der Germanen.]

7. Endstellung

Beispielsatz:
Eine berühmte Philosophie-Schule aus Athen, die Stoa, lehrte:

Nēmō beātē vīvere potest sine sapientiae studiō.
[Niemand kann ohne das Streben nach Weisheit glücklich leben.]

Erläuterung:
Ganz wichtig ist das Bemühen, Weisheit zu erlangen. Ohne das Bemühen um Weisheit *(sine sapientiae studiō)* kann man nach der Ansicht dieser Philosophen nicht glücklich und zufrieden leben. Deshalb sorgt der Redner oder Schriftsteller dafür, dass diese Worte den Zuhörern oder Lesern besonders auffallen. Dies gelingt dadurch, dass die **wichtigen Satzglieder am Ende des Satzes** stehen.

Merke:
Am Ende eines Satzes stehen die Begriffe oder Aussagen, die der Redner besonders hervorheben und betonen möchte. Man spricht dann von der **Endstellung** der Wörter.

8. Alliteration

Beispielsatz:
Noch einmal der Lehrsatz der Philosophie-Schule:

Nēmō beātē vīvere potest sine sapientiae studiō.

Erläuterung:
Nach diesem Satz gilt: Kein glückliches Leben ohne Bemühen um Weisheit!
Aber nicht nur die Endstellung hebt die Wörter *sine sapientiae studio* im Satz hervor. Alle drei **Wörter beginnen mit demselben Anfangsbuchstaben**. Auch dadurch wird die **Aufmerksamkeit** der Zuhörer oder Leser besonders **auf diese Wortgruppe gerichtet**.

Merke:
Beginnen zwei oder mehr aufeinanderfolgende Wörter mit demselben Buchstaben, nennt man dies eine **Alliteration**.

Beachte:
Allerdings kommen gelegentlich auch Alliterationen in Sätzen vor, die sich aufgrund der Wörter ergeben, die man für die Aussage verwenden muss.

Beispiel:
Multī mercātōrēs mercēs in Germāniā vendidērunt.

Hier fangen die Substantive und das Attribut eher zufällig mit demselben Buchstaben an. Es liegt keine besondere Betonung vor.

Wenn du dir dagegen noch mal den Satz aus der Philosophie-Schule ansiehst, fällt der Unterschied sofort auf:
Der Verfasser dieses Lehrsatzes hat also **zwei**

Wortfiguren miteinander **kombiniert**. Die wichtigsten Wörter stehen am Ende **(Endstellung)** und beginnen alle mit demselben Buchstaben **(Alliteration)**. Du siehst, dass diese Alliteration nicht zufällig ist, sondern der Verfasser wollte, dass sich **Zuhörer** oder **Leser** diese **Worte besonders einprägten**.

9. Litotes

Beispielsätze:
1. Nēmō Graecōrum dolum Ulixis ignōrābat.

[Keiner der Griechen kannte die List des Odysseus nicht. = Jeder … kannte sie ganz genau.]

2. Ulixēs et sociī Sīrēnum cantum sine perīculō audīre nōn potuērunt.

[Odysseus und seine Gefährten konnten den Gesang der Sirenen nicht ohne Gefahr hören. = Sie konnten ihm nur unter (großer) Gefahr zuhören.]

3. Plūtō Prōserpinae prōmīsit: „Sī regīna īnferōrum eris, nihil tibi dēerit."

[Pluto versprach Proserpina: Wenn du die Königin der Unterwelt bist, wird es dir an nichts fehlen. = Du wirst wirklich alles besitzen.]

Erläuterung:
In allen Sätzen sind verneinte Aussagen durch ein Pronomen (nēmō oder nihil), durch die Präposition sine oder durch Verben wie ignōrāre (nicht kennen) oder dēesse (nicht da sein, fehlen) so zusammengestellt, dass **sich die Verneinungen aufheben** und genau das **Gegenteil ausgedrückt wird**. Die Redner oder Schriftsteller wollen damit die **Aussage** noch **eindringlicher machen**.

Merke:
Man sagt das Gegenteil von dem, was man eigentlich ausdrücken möchte, und verneint diese Aussage dann. So wird ein **Satz** oder ein einzelner **Ausdruck durch** die **Verneinung des Gegenteils umschrieben**. Eine solche Wortfigur heißt **doppelte Verneinung** oder **Litotes**. **Durch** die Umschreibung mit einer **Litotes** wird die **Aussage verstärkt** und für den Zuhörer oder Leser interessanter gemacht.

10. Abbildende Wortstellung

Beispielsatz:
iungē tuum laterī, quā potes ūsque, latus.

[Schmiege deine Seite, so nah du auch immer kannst, an ihre Seite an.]

Erläuterung:
Der Dichter rät einem jungen Mann, im Theater ganz dicht an das Mädchen seiner Wahl heranzurücken, so dass sich die Körperseiten berühren. Die **Anordnung der Satzglieder** soll den Inhalt der **Aussage sprachlich abbilden**. Dazu wird häufig wie hier im Beispiel das **Hyperbaton** verwendet. So unterstützt der Dichter die Bedeutung des Imperativs *iunge*, indem die Wörter *tuum latus* (die Seite des jungen Mannes) die Wendung *lateri* (die Seite des Mädchens) *qua potes usque* einschließen.

Merke:
Eine Anordnung von Satzgliedern, die den Inhalt der Aussage sprachlich widerspiegeln, nennt man eine **abbildende Wortstellung**.

11. Polyptoton

Im selben Vers findest du noch eine Figur, die besonders mit der Klangwirkung von Wörtern spielt.

Beispielsatz:
iungē tuum laterī, quā potes ūsque, latus.

[Schmiege deine Seite, so nah du auch immer kannst, an ihre Seite an.]

Erläuterung:
Das Wort Seite (*latus, lateris* n.) wird im Vers im Akkusativ und im Dativ verwendet. Dadurch erzeugt der Dichter einen angenehmen Klang des Verses und unterstützt außerdem noch die Aussage durch die äußere Form. Es ist immer die Körperseite, die an den Nachbarn herangerückt wird, die aber jeweils zu einer anderen Person gehört.

Merke:
Die Wiederholung desselben Nomens mit anderer Kasusendung ist ein Wortspiel, das einen **bestimmten Klang erzeugt**. Oft kann dadurch auch die Aussage sprachlich abgebildet werden. Man nennt diese Figur ein **Polyptoton** (nach den griechischen Wörtern für „viel" *poly* und „Kasus" *ptosis*).

Überprüfung:
Der englische Mathematiker und Philosoph Thomas Hobbes hat in einer Schrift den berühmten Satz geprägt:

Homo homini lupus [est]

[Der Mensch ist dem Menschen ein Wolf.]

12. Anapher

Helena aus Sparta schreibt in einem Brief an Paris, der sie zum Ehebruch verführen und mit sich nach Troja nehmen will:

Beispielsatz:
quid de me poterit Sparte, quid Achaia tota,
quid gentes Asiae, quid tua Troia loqui?
quid Priamus de me, Priami quid sentiet uxor
…?

[Was wird über mich Sparta, was wird ganz Achaia,
was werden die Völker Asiens, was dein Troja sagen?
Was wird Priamus über mich denken und was die Frau des Priamus
…?]

Erläuterung:
Die drei Verse bestehen syntaktisch aus zwei Fragen. Doch inhaltlich ist es eigentlich nur eine einzige Überlegung Helenas. Sie macht sich Gedanken darüber, welche Meinung die Menschen in ihrem Land sowie in Troja und auch die Eltern des Paris von ihr bekommen werden. Dieser Gedanke beschäftigt sie so stark, dass sie das Fragepronomen *quid* nicht nur einmal sagt, sondern zu Beginn jeder Wortgruppe und jedes Satzes wiederholt.

Merke:
Die **Wiederholung desselben Wortes** oder **derselben Wortgruppe** am Anfang von zwei oder mehreren aufeinanderfolgenden Versen, Sätzen oder Satzteilen stellt durch die **rhythmische Wiederkehr** den dadurch ausgedrückten Gedanken als **besonders wichtig** heraus. Diese Wortfigur bezeichnet man als **Anapher**.

Lösungen der zusammenfassenden Übungen Lektion 26–28

Herkules

1. Immer in Aktion

a *ad gloriam accipiendam: ad* + Akkusativ Singular Femininum:
  Herkules nahm viele Mühen auf sich, <u>um Ruhm zu erlangen</u>.
b *stabulorum ... purgandorum causa: causa* + Genitiv Plural Neutrum:
  <u>Um König Augias' Ställe zu reinigen</u>, leitete er das Wasser eines Flusses durch sie hindurch.
c *In Geryoneo necando: in* + Ablativ Singular Maskulinum:
  <u>Beim Töten des Geryoneus</u> verletzte er die Göttin Juno.

2. Herkules, du musst ... !

a Gerundivum, Bezugswort + *esse: leo necandus erit*; Dativ des Urhebers: *tibi*
  „Zuerst wirst du den Löwen töten müssen!
b Im Hauptsatz: Gerundivum + *esse* (kein Bezugswort vorhanden): *eundum erit*, Dativ des
  Urhebers: *tibi*; im Nebensatz: Gerundivum, Bezugswort + *esse: taurus capiendus erit*, Dativ des
  Urhebers: *tibi*
  Dann wirst du nach Kreta gehen müssen, wo du den Stier wirst fangen müssen/fangen musst!
c Gerundivum, Bezugswort + *esse: Cerberus afferendus erit*, Dativ des Urhebers: *tibi*
  Schließlich wirst du Kerberos (zu mir) bringen müssen!"

Nero

1. Wer ist gemeint?

a *se artificem:* Jener Mann hielt sich für einen Künstler.
b *illum Caesarem:* Seine Mutter Agrippina machte jenen zum Kaiser.
c *illum crudelem:* Viele Römer hielten jenen für grausam.

2. Man sagt, dass ...

a Es wird berichtet, dass Nero die Taten des Herkules nachgeahmt habe.
b Man sagt, dass Nero Rom angezündet habe.
c Er scheint sowohl seine Mutter Agrippina als auch seine Ehefrau Oktavia getötet zu haben.

3. Nero und Co

a Richtig: Seneca war sowohl als Philosoph als auch als Lehrer Neros berühmt.
Fehler: *nobilis* muss als Prädikatsnomen übersetzt werden, *et philosophus et magister Neronis* sind Prädikativa, *et … et* bedeutet „sowohl als auch".

b Richtig: Nero ließ ein Goldenes Haus bauen.
Fehler: *aedificandam* ist kein PPP, sondern ein prädikatives Gerundivum.
Das Verb *curare* erhält in diesem Zusammenhang die Bedeutung „lassen, veranlassen".

c Richtig: In der Tat kennen alle Nero als grausamen Kaiser.
Fehler: *imperatorem crudelem* ist wieder ein Prädikativum. Das Verb *novisse* gehört zu den Verben, deren Formen im Perfektstamm eine präsentische Bedeutung haben.
Die Form *noverunt* muss also mit deutschem Präsens übersetzt werden.

Lösungen der zusammenfassenden Übungen Lektion 29 – 31

Europa

Richtige Formen sind **fett** gedruckt.

1. Wir wollten ja nicht!

a „Wir wollten nicht am Strand bleiben.
b Aber Europa wollte lieber nahe bei dem Stier sein.
c Sie wollte den Stier sogar anfassen."

2. Wer sind die beiden?

a „**Taurum quendam** in mare currentem video, in cuius tergo **puella quaedam** sedet.
b Sed **puellae quaedam** in litore sunt et clamant, repente autem **vir quidam** in mare currit.
c Taurus ingens puellam ad **insulam quandam** portat."

Übersetzung:
a „Ich sehe **irgendeinen Stier** ins Meer laufen, auf dessen Rücken **irgendein Mädchen** sitzt.
b Aber **einige Mädchen** stehen am Strand und schreien, plötzlich jedoch läuft **irgendein Mann** ins Meer.
c Der gewaltige Stier bringt das Mädchen zu **irgendeiner Insel**."

3. Er war erst in einen Stier verwandelt!

a „Meine Freundinnen gingen zusammen mit mir an den Strand, **um (dort) zu spielen**.

b Plötzlich sahen wir einen wunderschönen Stier. Meine Freundinnen flohen, aber ich ging zu dem Stier hin, **um ihm Blumen zu reichen**.

c Denn Jupiter kam, in die Gestalt eines gewaltigen Stieres verwandelt, in meine Heimat, **um mich zu erobern**."

Hannibal

1. Roms größter Feind …

a ei honori est

b ei cordi erat

c Romanis odio est

Übersetzung:

a Hanno sagt: „Hannibal ist der größte Feldherr. Die Schlacht von Cannae **dient ihm zur Ehre**."
Passender: **Die Schlacht von Cannae bringt ihm Ehre. / Durch die Schlacht von Cannae gelangt er zu Ehren.**

b Himilkon bestätigt: „So ist es. Er kämpfte so tapfer, weil **ihm** Ruhm **zum Herzen diente**."
Passender: **… weil ihm Ruhm am Herzen lag**.

c Hanno behauptet: „Deshalb **dient** Hannibal **den Römern zum Hass**, aber wir Karthager loben ihn!"
Passender: **Deshalb hassen die Römer Hannibal**, …

2. … und unser größter Held!

Übersetzung:

a Himilkon ruft: „Ich bin froh! Hannibal ist nicht so ein Mann, der/dass er durch die Gefahr des Todes erschreckt wird." Funktion: konsekutiver Nebensinn im Relativsatz

b Hanno sagt: „Er ist ein (solcher) Feldherr, der/dass er seine Soldaten wieder und wieder antreibt." Funktion: konsekutiver Nebensinn im Relativsatz

c Himilkon erzählt: „Jetzt hat Hannibal sogar Gesandte nach Karthago geschickt, die Hilfe erbitten sollen/um Hilfe zu erbitten, damit er Rom erobern kann." Funktion: finaler Nebensinn im Relativsatz

3. Alle Hoffnung ruht auf Scipio

a *superaturum esse:* nachzeitig

b *vicisse:* vorzeitig

c *(fortem imperatorem) esse:* gleichzeitig

d *rediturum esse:* nachzeitig

e *deleturos esse:* nachzeitig

Lösungen der zusammenfassenden Übungen Lektion 32–34

Richtige Formen sind **fett** gedruckt.

Aeneas

1. Jeder, auch ich!

a „Wer auch immer sein Leben mit der Frau, die er liebt, verbringen kann, ist ein glücklicher Mann.

b Aber was auch immer ich tun muss, um die neue Heimat zu finden, werde ich gerne tun!

c Denn jeder muss seinem Schicksal gehorchen."

2. Keine böse Absicht

a *„Aeneas neque te neque* **quemquam** *vulnerare voluit.*
„Aeneas wollte weder dich noch irgendjemanden verletzen.

b *Sed fatum eius gravius est quam* **quisquam** *nostrum intellegere potest.*
Aber sein Schicksal ist schwerer, als irgendjemand von uns verstehen kann.

c *Itaque huic fato paruit neque vero* **quicquam** *mali fecit."*
Deshalb gehorchte er diesem Schicksal und tat nichts Schlechtes."

Caesar

1. Er sagte, dass ...

Caesar berichtet, dass die Germanen in Reitergefechten oft vom Pferd **sprängen** und zu Fuß weiter **kämpften**; ihre Pferde **hätten** sie dazu **abgerichtet**, an ihrem Platz zu verharren. Nichts **sei** nach ihrer Auffassung schändlicher und ein deutlicheres Zeichen von Verweichlichung als einen Sattel zu benutzen. Die Einfuhr von Wein **hätten** sie völlig **untersagt**.

2. Caesar und Ariovist

a Caesar forderte von Ariovist, die Geiseln zurückzugeben. / ... dass er die Geiseln zurückgebe.

b Ariovist sagte, dass er zuerst nach Gallien gekommen sei. / ... er sei zuerst nach Gallien gekommen.

c Caesar antwortete, dass Gallien den Römern gehöre. / ... Gallien gehöre den Römern.

3. Streit in Gallien

a *factiones esse duas* (Hauptsatz/AcI)
   In ganz Gallien **seien / gebe es** zwei Parteien.
b *tenere Haeduos, (tenere) Arvernos* (Hauptsatz/AcI)
   Von diesen **hätten** die Haeduer die Vorherrschaft über die einen, die Arverner über die
   anderen.
c *Hi cum ... contenderent* (Nebensatz), *factum esse* (Hauptsatz/AcI), *uti ... Germani ... arcesserentur*
   (Nebensatz)
   Nachdem diese untereinander viele Jahre lang heftig um die Macht **gekämpft hätten, sei es
   geschehen**, dass von den Arvernern und den Sequanern Germanen gegen Soldzahlung
   herbeigeholt worden seien.

4. Er oder er?

a *sibi*
b *sibi*
c *se*

Erklärung: In allen drei Fällen wären sonst jeweils andere Personen (als das Subjekt) gemeint.

Wo finde ich was?